U0116627

疫境下的沉思

沉思

慈悲的力量

商務印書館

疫境下的沉思——慈悲的力量

作　　者：　寬　運　淨　因　陳劍鍠　駱慧瑛　潘宗光　吳有能
　　　　　　演　慈　楊　勳　衍　空　高錫年　學　愚　李焯芬

責任編輯：　林雪伶　蔡柷音

封面設計：　張　毅

出　　版：　商務印書館（香港）有限公司
　　　　　　香港筲箕灣耀興道 3 號東滙廣場 8 樓
　　　　　　http://www.commercialpress.com.hk

發　　行：　香港聯合書刊物流有限公司
　　　　　　香港新界荃灣德士古道 220-248 號荃灣工業中心 16 樓

印　　刷：　美雅印刷製本有限公司
　　　　　　九龍觀塘榮業街 6 號海濱工業大廈 4 樓 A

版　　次：　2021 年 2 月第 1 版第 1 次印刷
　　　　　　© 2021 商務印書館（香港）有限公司
　　　　　　ISBN 978 962 07 3458 8
　　　　　　Printed in Hong Kong

目 錄

序

　　佛陀在《阿含經》卷二中說：「有因有緣集世間，有因有緣世間集。」世間萬事萬物皆有因有緣，有緣有因。2003 年爆發非典型肺炎（SARS），宿主可能是果子狸，當其時，疫情來勢洶洶，社會惶惑不安，一片風聲鶴唳。佛教領袖上覺下光長老、恩師上永下惺長老發起全城灑淨，本人亦親臨其中，頗有感懷，隨後以半年時間寫就《因緣集世間》一書，試圖從諸佛經中找尋解決疫症之答案。

　　佛教認為宇宙有成住壞空，在壞空時均出現大三災、小三災，其小三災時有饑饉、瘟疫或刀兵劫。其中瘟疫的產生乃因為殺戮，唯有善為大鎧。通過戒殺，沒有了殺伐，疾疫不臨，災難不起。殺戮會激起怨氣，而這怨氣沖之於上，凝之於下，解之於中。如何化解呢？唯有建立眾生命運共同體，從五戒十善做起，提倡戒殺、茹素、放生及護生。

　　歷史總是驚人地相似。2020 年，SARS 的傷痛尚未完全消散，新冠肺炎疫症再至，宿主據說是蝙蝠。是次疫情比 SARS 嚴重很多，截至目前全球已有一億多人感染，200 多萬人死亡。而且由於歐美等國對疫情可能存在錯判，更引發了人類史上的災難以及空前的浩劫。疫情之下的這一年，環顧全球，各國無一倖免，均元氣受損，人心惶恐。相信只有疫苗發揮效力，最後一個感染者痊癒，疫情才會真正過去，可現在的我們還在苦苦地掙扎着。

　　人類善於反省，應該反省，也必須反省，要真正汲取這次慘痛的教訓，並視之為難得的糾錯機會。地球村命運相連，一榮俱榮，一損

俱損，佛門中人能做之事，便是以契理契機的佛教教義回應當下苦難的芸芸眾生。

去年九月十九觀音出家日，適逢儒、釋、道三教共同發起並主辦的「第六屆觀音文化節」在港舉行，希望在疫情中以慈悲、智慧引導世人，關懷眾生，疫境自強，傳播正能量。我以「建立眾生命運共同體之如何在『疫』境中實踐菩薩道精神」為佛教文化講座主題，另有幸獲法師、學者、醫生及企業家之熱烈響應，各位大德分別從不同視角與大眾分享，在「疫」境中應該如何自處、如何應對以及如何增加正能量。

系列講座自 2020 年 11 月起歷時三個月，由菩提編輯團隊統籌，逢週六下午假香港葵涌觀音講堂開講，並邀得鳳凰衛視主持人曾瀞漪小姐及其專業團隊製作，又蒙旭日慈善基金、安達國際贊助，在鳳凰網佛學頻道播出，網友提問非常踴躍，反應尤為熱烈。因緣和合之下又獲商務印書館總編輯毛永波先生統籌結集並出版發行，以期為更多人帶來心靈之慰藉。在此，寬運謹對諸位講者大德，及為此付出努力的眾多有緣人，致以萬二分感謝。

時間緊迫，失誤在所難免，還祈十方大德不吝批評指正。希望本書的出版，能對當下受疫情困擾的人們有所裨益，是為序。

於西方寺丈室　辛丑年元月

如何在「疫」境中
實踐菩薩道精神

寬運

宇宙間最大的能量是慈悲

21 世紀的人類，飛天、遁地、上山、下海，似乎已無所不能，可如今，一種肉眼都看不見的病毒，幾乎令全世界束手無策，這到底是怎麼了？佛教又是如何闡釋的呢？

2,500 多年前，佛教便已告知世人：宇宙有成住壞空、人有生老病死、心有生住異滅。宇宙內的所有眾生，都是一個共同體，包括胎生、卵生、濕生、化生，以及一切有情，而佛教就是「覺有情」，讓有情眾生得到覺悟。

談到在「疫」境中實踐菩薩道精神，就不能不講慈悲，「慈悲喜捨」乃大乘佛教菩薩道精神的核心所在。正所謂：「慈能予樂，悲能拔苦」。小愛的昇華是大愛，大愛的昇華是慈悲，慈悲的昇華就是大慈大悲。一般人都是小愛，愛自己，愛與自己有緣的人。

但佛菩薩的愛是慈悲，是沒有分別的愛，無緣大慈，同體大悲。人類也好，眾生也好，都是相依而存、相擁而暖的。所以，在佛教看來，世界上最大的能量不是原子彈，也不是氫彈，而是愛，是慈悲，是大慈大悲。

建立眾生命運共同體

2019 年，香港經歷了社會事件，2020 年又遇新冠肺炎，這些都促使我們反思，如何加快建立「眾生命運共同體」。其實「眾生命運共同體」與國家領導人提倡的「人類命運共同體」一脈相承，佛教只不過把人類擴展到所有眾生。

人類作為地球上的高等動物、食物鏈的頂端，儼然扮演着主宰者的角色。但現實一而再、再而三地警醒我們，人與人之間、人與有情眾生之間、人與大自然之間，只有和諧共處，建立「眾生命運共同體」，地球才能永續發展，人類才能長治久安。可我們

嘗試回憶一下，地球誕生約 46 億年，而人類有歷史記載只不過區區數千年，這幾千年，我們做了甚麼，令到地球變得千瘡百孔、滿目瘡痍？

遠的不說，回看中國近代史不難發現，其實我們這代人已經很幸福了，趕上了穩定發展的最好時代，但是我們的父輩、祖父輩、先祖輩，很多都經歷過戰爭。戰爭令生靈塗炭，百姓流離失所，令人類的生命財產蒙受巨大損失。上世紀中葉至今，無疑是科技發展一日千里的時代，但與此同時，國際政局變得波譎雲詭，國與國之間的關係極為微妙，很多國家利字當頭，霸權主義大行其道，動輒發動貿易戰、科技戰，或是金融戰等冷戰。如果有一天發展到熱戰，以現代軍事的摧毀力，那將是人類史上的大災難，但願那一天永遠都不要到來。

魚池中的魚，平時身段很柔軟、很優雅，可是一見到食物，即刻爭先恐後、奮不顧身。其實眾生皆如此。我們每個人每時每刻都在起心動念，《菩薩處胎經》中有說：「一彈指有三十二萬億百千念，念念成形，形皆成識。」這些都住在我們的阿賴耶識田中。《地藏經》也說，閻浮提眾生起心動念，無不是業，無不是罪。究其原因，無非都是因貪、瞋、癡而起。

其實，貪、瞋、癡也是人與人相處時屢有問題產生之癥結所在。故此，佛教早就提出「六和敬」的觀點：見和同解，思想要統一；戒和同修，制度要統一；利和同均，利益要平均，世俗社會就是按勞分配；身和就能同住、口和便無諍、意和就同悅。總結這六和，其實就是兩個字：和合。

由此可見，佛教一早便給人與人相處設定了指引，但與此同

時，我們還要跟有情眾生好好相處。釋迦佛早在《地藏經》中便有「下心含笑，親手遍布施」，意思是說以平等心對待眾生，親手給予，絕不會高高在上。眾生均具如來智慧德相，皆可成佛。

可是，2003 年爆發 SARS（非典型肺炎），病毒宿主據說是果子狸；新冠病毒，有人說宿主是蝙蝠。究其原因，就是人類的殺業太重。我們破壞大自然，大自然令我們嘗苦果，傷害眾生，眾生亦反過來報復我們。這就是佛教因果觀。有人說，那我響應佛教教義，戒殺、茹素、放生、護生，視寵物為家庭一員，應該沒有問題了吧？據不完全統計，香港有 75 萬隻登記持牌寵物。

香港樓價高，生活壓力大，女性地位提高了，很多人不結婚、遲婚，或婚後做丁客一族（雙薪無子女的夫婦），令出生率奇低，平均每個家庭只有 0.8 個小朋友。於是，很自然地把對後代的關心、愛護轉移到寵物身上。但是，這是另一個誤區。雖然不少家養寵物都是人類的好朋友，但我們與寵物之間的關係，必須設定界限，掌握一個度，任何事情都是物極必反的。近年來，人畜共通傳染病愈見頻繁，而且屢屢變種，就是受人與動物密切接觸所累。

大自然是人類生存的空間，與大自然相處是我們無法迴避的課題。近百年，工業的蓬勃發展急速加劇了溫室效應。該下雪的地方不下雪，該下雨的地方不下雨；冬天溫暖如春，夏天酷熱難耐。有研究顯示，2050 年，全球暖化引致的溫室效應將令地球發生巨大變化。雖然我主觀上希望這種變化是好事，但實際上，全球變暖將令南北極的冰川加速融化，導致更多陸地被海水淹沒，極端天氣、天災也更加頻繁，對人類的生存環境構成極大的威

脅。這些都是我們的「依報」。

如是因，如是果，一切果必然有其因。佛教說這是由「五惡」引發「五痛」，再引發的「五燒」。「五惡」是殺盜淫妄酒，「五痛」是花報，「五燒」就是果報。所以菩薩悲憫眾生，解除眾生煩惱，觀音菩薩就代表慈悲。若論在「疫」境中實踐菩薩道精神，我認為最重要的就是要培養人類的慈悲心、平等心，建立「眾生命運共同體」。在建立過程中，秉承「和合」精神，拿捏平衡至關重要。只有恰到好處，共榮才能共生，共生才能共榮。

準備慈悲心

世界正發生百年未有之變局。西哲湯恩比（Arnold Joseph Toynbee）曾說：「解決 21 世紀的問題，只有孔孟學說和大乘佛法。」常言道：「儒教興，佛教隆」。佛教之所以能在中國生根，是因為它有儒家思想的基礎。儒家思想是聖賢教育，首先是「德行」，其次是「言語」，第三是「政事」，最後才是「文學」。

孔子說：「性相近，習相遠」。其實我們本性都差不多，只是習氣不同，改變習氣需要環境，「孟母三遷」就是最佳佐證。疫情之下，讓我們認識到建立眾生命運共同體的重要性，那麼就要創造環境，這就要講到佛教覺悟教育了。

佛教是佛、菩薩教育，太虛大師說，從好人、賢人、聖人、羅漢、菩薩到佛。「仰止唯佛陀，完成在人格；人成即佛成，是名真現實」。一個人自身人格完成了，再昇華到聖人、賢人，進而步步昇華，最後成佛。佛菩薩的覺悟、境界，比聖賢要高很多。但是佛菩薩教育要從哪裏開始呢？從孝養父母、奉侍師長、慈心

不殺、修十善業開始，這是每一個人都應該做到的。而我們現在的世俗教育是技能教育，只是在教一技之長，這是遠遠不夠的。

大乘佛教則提倡「覺悟教育」，讓自己覺悟、讓眾生覺悟。講求的是慈悲為本、方便為懷，這是菩薩道精神，從發菩提心、大悲心開始。沒有大悲心，便不能悲憫眾生。「人溺己溺」，這是一種情懷，也是一種擔當。很多人說我願擔當，我肯擔當，但最重要的是我能擔當。能，就是要有資糧，就是準備好了沒有？準備好慈悲心沒有？

慈悲心的三個層次

慈悲心分三個層次，分別是生緣慈悲、法緣慈悲，以及無緣慈悲。生緣慈悲，也叫眾生緣慈，就是對一切眾生慈悲，無論是朋友家人、素不相識者，乃至仇人、一切有情眾生。不要因為你對人好，人家沒有積極回應，你心裏就有落差，這遠遠不夠，要把心量擴大，不求回報。

法緣慈悲則更進一層，佛教所說的盡虛空，遍法界，我都慈悲，都愛，而且是沒有分別的愛。但這還不夠，慈悲的最高層次

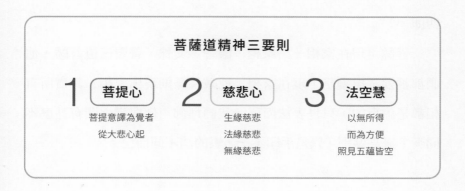

菩薩道精神三要則

1 菩提心
菩提意譯為覺者
從大悲心起

2 慈悲心
生緣慈悲
法緣慈悲
無緣慈悲

3 法空慧
以無所得
而為方便
照見五蘊皆空

是無緣慈悲，即是不求回報。佛教提倡布施要「三輪體空」，沒有布施的自己，沒有布施的中間物，也沒有布施的對象。試想想，若真能做到三輪體空，那將是何等自在！

那麼如何做到三輪體空呢？佛教講「法空慧」、「無所得」、「照見五蘊皆空」。《心經》開篇有云：「觀自在菩薩，行深般若波羅蜜多時，照見五蘊皆空」。重在哪裏呢？重在「行」，「行」是實踐，不是「文字般若」，也不是單純地「觀照」，他是做到了「實相」，「實相」其實就是三輪體空。到此境界，你就完全不一樣了。

菩薩眾相

都說菩薩代表慈悲，我要做菩薩，那菩薩是甚麼？菩薩就是「上求下化」，上求佛道，下化眾生。很多人受了菩薩戒，有的法師受了十重四十八輕菩薩戒，有的居士受了六重二十八輕菩薩戒，所以有在家菩薩、出家菩薩之分，他們統稱為菩薩。菩薩再昇華，就是摩訶薩。摩訶薩的範圍就更大了，中國人家喻戶曉的大慈大悲觀世音菩薩，便是摩訶薩。你發願了就是地藏菩薩，實踐了就是普賢菩薩，有智慧就是文殊菩薩。所以慈悲要有大願，要有實踐，要集智慧於一體。所謂一即四，四即一。

菩薩可現在家相、出家相，觀音、文殊、普賢三位菩薩，他們都蓄髮、掛瓔珞，現在家相；地藏菩薩則現出家相。其實所有相都是虛妄的，只是表法而已。我們拜佛，佛與佛之間有甚麼不同嗎？無甚區別，只是手印不一，表的法不同而已。

踐行菩薩道

佛教徒要勇於展現自己，不要在乎形相。因為「何期自性，本自具足」。我們和佛無一無二，因為妄想執着而不能證得。眾生與佛，就是迷與悟的差別，迷的是眾生，悟了就是佛。禪宗有頓悟、漸悟，講求明心見性，頓悟呢，當下就是佛了；漸悟是說佛菩薩經過千錘百鍊，經過十信、十住、十行、十迴向、十地、等覺、妙覺等，經過 52 個階位，繼而成佛。

但是要達到這種境界，對於凡夫來說是很難的，因為我們心有罣礙。想慈悲，又慈悲不起來，全因資糧不夠，德本不足，所以要踐行菩薩道，修十波羅蜜。首先我們要學會「布施」，包括財施、法施、無畏施；其次是「持戒」，自己持戒而常自醒；至於「忍辱」，中國有句古話：「士可殺不可辱」。由此可見忍辱、忍耐也不容易。但是，現在大家都戴口罩，就是在忍耐，沒有辦法時就唯有忍耐了。接着還有「精進」、「禪定」和「般若」，這裏就不一一解釋了。

以上這六度是菩薩應該做到的，六度裏如果沒有般若，就是沒有智慧，那還是世間法。十波羅蜜還有四度，是摩訶薩、七地以上的菩薩要修的。首先是「方便」，以種種善巧方便啟發智慧。如《法華經》中的「火宅喻」，分羊車（聲聞）、鹿車（緣覺）、牛車（菩薩），最後是乘大白牛車成佛，前面的三種車就是方便。

接下來是「願」，常持願心，付諸實踐，如普賢、地藏菩薩的大願。之後是「力」，在實踐中培養辨別真偽的能力，如嬰兒以哭泣為力，女人以妒忌為力，羅漢以精進為力。作為一個菩薩，要了解宇宙的萬事萬物。雖然從理上說，一切都是「緣起性空、性

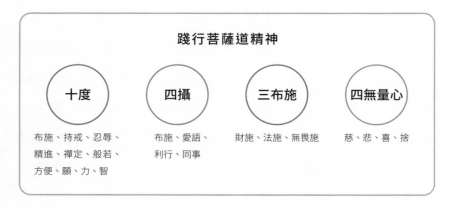

踐行菩薩道精神

十度	四攝	三布施	四無量心
布施、持戒、忍辱、精進、禪定、般若、方便、願、力、智	布施、愛語、利行、同事	財施、法施、無畏施	慈、悲、喜、捨

空緣起」，但也要了解每一件事情的力在哪裏，「應攝受者攝受之，應折服者折服之」，重在攝受和折服。有「力」的同時，還要有「智」能瞭知一切法的智慧，是佛的智慧。唯佛與佛乃能究竟，十波羅蜜完成了，你就成佛了。

比丘不是佛未成

每個人都有太多的不足，但又不夠謙卑，要向善財童子學習。善財童子是觀世音菩薩之脅侍，與龍女合稱為金童玉女。善財童子五十三參善知識的故事出自《華嚴經》，說到善財童子每次去到一個地方參學，總是先繞三圈，接着頂禮，並說：「我已發了阿耨多羅三藐三菩提心，云何入？云何解？云何修？云何證？」因為他虛心好學，收穫還是非常豐富的，而善財童子五十三參謙卑好學的故事亦因此成為千古佳話。所以我們要以善財童子為榜樣，「內行謙下，外行於禮。」不論做人、做菩薩，就從謙下開始。

此外，還有「四攝法」，即布施、愛語、利行、同事。這方面，富樓那尊者就是最佳榜樣。富樓那尊者為佛陀十大弟子之一，被譽為說法第一，願為弘法忘身捨命。有一天他想去偏遠的地方

弘法，釋迦佛叫他不要去，告訴他那裏的人兇惡、輕躁、狂暴、好罵。但富樓那尊者堅持要去。佛陀問他準備好沒有，他說準備好了。

「人家罵你怎麼辦呢」？他說「好在他沒有打我」。「人家打你怎麼辦」？「好在沒有殺我」。「真的殺你怎麼辦」？「我本來色身已朽，謝謝他殺了我」。佛陀見他心意已決，便說「很好，你已經得到了忍辱三昧，可以去調伏那些尚未開化的人了」！最後富樓那尊者去了那蠻夷之地，但沒有說自己是佛陀派來的，而是說幫人家打魚、種地、建房。有人感覺奇怪，「你是一個出家人，怎麼幫人家打魚呢」？他回應道：「靠山吃山，靠水吃水。」其實他首先要跟人家利行、同事，先做同類。你看面然大士，他是觀音化身，統領三十六部，現鬼王之相。口中噴火，手上執棒，見人講人話，見鬼講鬼話。其實，他是在攝受。

做菩薩就看你準備好了沒有，只要你發了大心，就不會覺得苦。太虛大師說：「比丘不是佛未成，請你稱我為菩薩。」他還成立菩薩學處，他以菩薩自居，是我們學習的榜樣。現居士相的菩薩遇有維摩詰居士、現代的鍾南山，鍾南山明知道武漢出現疫情，還是毫不猶豫地第一時間趕去。還有很多醫護人員，他們也是菩薩。當然，做菩薩幫人還要有技巧。國家免費為全部港人提供核酸檢測，700多萬人口只有170多萬人參加。就算你有心幫人，但有的人還不願意接受，眾生就是這麼難調難度！

所以，佛教提倡謙卑，任何時候都是你高我低，你上我下，你多我少。我們的先祖堯、舜二帝，當年不都是謙讓、禪讓，五千年的文明寓意就是謙卑，這是一種非常重要的美德，但現代

人很難做到，我們總是覺得自己是最好的，這個境界就不一樣了。希望每個人都能反思一下自己，以謙卑之心，學習做菩薩，讓世界少些戾氣，少些紛爭。

常懷感恩心、慈悲心

做人應該常懷感恩之心。我每天都在感恩佛教，感恩我的師父，感恩這麼多的護法居士成就每一項善業。我經常對人說，你是校長，如果沒有老師、學生、員工，你還是校長嗎？因為有了他們才成就了你。所以幫人家就是幫自己，幫到人家就是幫到自己。佛菩薩是花果，眾生才是根，應該以大悲水饒益這個根，饒益眾生，你才會枝繁葉茂，果實纍纍。這個道理大家一定要明白。

前不久聽到一個故事：意大利有位高齡婦人，因為新冠肺炎住了三天醫院，期間使用了呼吸機，出院時要結賬了，當地醫療費用是非常昂貴的。當看到賬單時，她哭了起來。醫護人員問她，你是不是付不起賬單？我們可以找慈善組織幫你。她說不是，我用了三天的呼吸機，吸了三天的空氣，居然要花這麼多錢，但我用了一輩子的空氣，我還沒給過錢！我請大家閉上眼睛思考一下，今天我們擁有這麼好的環境，付費了嗎？呼吸這麼多年的空氣，給錢了嗎？有沒有想到給錢？相信答案都是沒有。大家要學會感恩啊！

冤親平等也很重要。又有個例子：古時候的出家人都要托缽化緣，也叫行腳。有一天，一個和尚走到荒山野外的一處地方，遇到一個年輕的賊打劫。洗劫一空後，和尚打量了一下賊，嚎啕大哭。賊有點不耐煩，他說我只要錢，又沒取你命，你哭甚麼呢？

和尚說我是出家人，四大皆空，錢財都是身外之物，你拿就拿了。我難過的是你這麼年輕就去打家劫舍，如果碰到兇悍的人，豈不是小命休矣？如果官府把你抓去坐監，前途盡毀，那你父母妻兒怎麼辦呢？我這是為你難過。

你看這出家人自己都被人打劫了，還為賊人着想，這就是慈悲心。今天也是一樣，我們不敢說讓每一位佛弟子都做到「眾生無邊誓願度，煩惱無盡誓願斷，法門無量誓願學，佛道無上誓願成。」但我們應該盡力去做。疫情中，我們每天都要遵從政府防疫指引，戴口罩，勤洗手，不要人多聚集，做好每一個崗位的工作，做好每個人的本分，處處想到別人，因為幫人家就是在幫自己。

當然，幫的時候要牢記「三輪體空」，沒有布施的自己，沒有布施的中間物，沒有布施的對象。心無罣礙，你就能度一切苦厄，生命也會充滿意義，人生都會如意吉祥！

對 談 錄

問：曾瀞漪　答：寬運法師

問：觀音文化節已經辦到第六屆，很多人，包括我，都是第一次參加這個活動，非常感恩。想請教法師觀音文化節的起源是甚麼？

答：說到觀音文化節，我要特別感謝已故香港民政事務局副局長

許曉暉女士。多年前,她到西方寺找我,提議佛教為香港做些事,並一語道破西方寺有觀音山,觀音菩薩數量乃全港之最,以觀音菩薩為主題最恰當不過。

當時我非常認同,因為千百年來觀音菩薩是我們最重要的民間信仰,正所謂「家家彌陀佛,戶戶觀世音」,其尋聲救苦、廣施無畏的大慈大悲精神,早已根植國人的骨子裏,流淌在血液中。佛教稱為觀音菩薩,道教稱「慈航真人」,儒教叫「觀音娘娘」,觀音菩薩已經成為中華民族推崇備至的共同守護神。

於是我和許副局長共同邀得孔教學院湯恩佳院長、香港道教聯合會梁德華主席一起商議,希望三教齊心,合力以觀音菩薩的慈悲喚醒世人。我們當即一拍即合,決定以每年農曆九月十九觀音菩薩出家日為契機,推廣觀音慈悲文化,並呼籲將該日定為「世界慈悲日」。2015 年第一屆,香港儒釋道三教齊集 3,000 多人,於中環遮打花園同誦《大悲咒》,莊嚴隆重,場面感人。

凡人的菩薩道精神

問：我覺得疫情之下，慈悲格外重要。您提到我們每個人的智慧有限，能夠做凡夫菩薩就好。那麼身為凡夫俗子，我們很想有菩薩道精神，可是能力有限，比如說疫情下很多人失業、減薪，我們該如何用菩薩道精神來自立自強呢？

答：諸法因緣生，諸法因緣滅，一切都是有因緣的。佛教很久之前就有「大三災」、「小三災」之說，「瘟疫劫」便是其中之一。如今新冠疫情蔓延全球，其嚴重程度真應了那句網絡潮語「活久見」（活的時間久了甚麼事都可能見到），促使所有人反思。佛教說「如是因，如是果」，我認為我們首先應生起慚愧心，反省自己過往的所作所為，調整與他人、與大自然、與有情眾生的相處模式，建立「眾生命運共同體」。

其次，我們要轉念。有所謂，山不轉水轉，路不轉心轉，人不轉心轉。疫情當中，我們更要學習轉念，只要把念頭轉了，就能把負能量轉變成正能量，才能自立自強。因為無常、苦空是世間真相，每個人都要「面對它、接受它、處理它、放下它」。你要行菩薩道，要發菩提心，更應有這種境界。

問：生活是很現實的，修行要有資糧，生活也要有資產，失業沒錢了，這時候可能就要跟身邊的人借錢。那麼作為一個凡人，我們很想行菩薩道精神，應不應該借錢給有困難的人？

答：俗話說，經歷大事會成熟十年，經歷小事也能成熟五年，下過雨的地更結實。人生在世，就是要經歷各種大小事情，過程中會帶來各種問題，經濟問題就是其一。佛陀早就說過，錢應該分成四份：一份繼續發展事業，一份供養家人至親，

另一份照顧大眾及有需要人士，最後一份儲蓄起來，以備不時之需。

如果能按照佛陀教導理財，相信不太會存在財政問題。一個人如果向別人借錢，很可能是他的理財觀念出了問題。從這個角度說，我不主張借錢給人家，也不主張跟人家借錢。但人生無常，確實也會有人遭遇重大變故，帶來種種經濟問題，那麼我們就需要彼此互助，幫得就幫，但借了就不要想着人家一定歸還。

我有一些信眾，他們因為投資過度，經濟上變得捉襟見肘。我經常勸喻他們要實事求是，量力而為，事緩則圓，慢慢再等待另外一個因緣的出現。在這裏，我想強調的是，遇到困難時，不要倚賴別人幫助，要儘量做到自強不息，這才是負責任的態度。要把困難當做磨練自己的機會，藉此充實自己，培養肯擔當、願擔當、能擔當的精神，這才是最重要的。

問：2020 年對很多人而言都有很多衝擊，尤其金融行業。有些企業家遭遇巨變，所有累積在一年之間都消失了，他們應該怎麼面對這種翻天覆地的變化？

答：佛教說，遇到困難，要牢記六個字：自調、自度、自淨。自調，就是自己調節自己，天無絕人之路。要了解佛教的因果法則與緣起法則，世間的一切都是有因有果，有果有因，無常就是人生。

自調之後還要自度，自己度化自己。當時五祖送六祖過江，因為六祖承繼衣缽，很多人追殺他。五祖弘忍說：「我渡你過江。」六祖惠能已經悟道了，得道了，他說：「迷時師度，悟

了自度。」我們每個人要把煩惱轉化成菩提，便要將所學的方法躬行實踐，實踐要靠自己，別人幫不了你。

最後兩個字是自淨，自淨其意，把心慢慢平靜下來，仔細思考以後的路該怎麼走。不是有那麼一句話，上帝幫你關上一道門，自然會為你打開一扇窗。所以說危機，危機，有危也有機。世事總是變化的，可能有另外一件事情正等着你去做呢，但你一定要準備好，因為機會只會留給有準備的人。

香港之所以能從一個小小的漁村，發展成為國際大都會，很大部分原因在於港人有獅子山精神，這是我們成功的基石。香港轉得快，適應也快，所以我對這裏充滿信心，相信未來一定是沒有問題的！

栽種與結果

問：香港有種怪象，一方面打工仔被裁，另一方面金融市場暢旺，財富懸殊愈見嚴重。有人就會心生怨氣，為甚麼別人的財富積累看似那麼容易，而自己如此努力工作，卻面臨失業、薪水減半等種種情況，令生活更加拮据？

答：你種甚麼種子，就開甚麼花、結甚麼果，不能怨天尤人。佛教講「三世因果」：「欲知前世因，今生受者是；欲知來世果，今生作者是。」別人今天的財富累積，是因為他以前種了種子，他通過布施，通過努力得來的。你今天受的，是你以前做的；你今天做的，就是你將來所要承受的。

但佛教有一個好處，把有限變無限了。我今天很好，那是我前半生的努力，多生多世的累積，我繼續努力，將來會更

好。我現在不好，可能是多生多世累積的善因善果不足，前半生的努力不夠，那我痛改前非，懺悔往昔，繼續努力，將來就會好起來。人需要終極追求，不是在一天，兩天，一年，兩年，因為在佛教看來，生命是永續的，這只是一個暫時的困難。

我小時候很貧窮，吃糠咽菜，正所謂：「黃連苦，貧窮比黃連更苦」。現在的香港，政府有救濟，社會有互助，方方面面還是很繁榮富足的，相比小時候，這已經是天堂了。要知道，知足的人，雖臥地上，猶如天堂；不知足的人，雖在天上，也是不滿意。古語有云：「道當少欲，多欲非道；道當知足，無厭非道。」所以我們要「道當知足」，就是知足常樂，不一定大魚大肉才是幸福，吃菜也能感受到菜根香。

弘一大師說：「鹹有鹹味，淡有淡味。」就是教導我們，審視生命並非只有一個標準。現代社會講求技能教育，但傳統儒家思想推崇聖賢教育，佛教是佛菩薩教育，要培養菩薩道精神，讓自己去做一個菩薩，肯於擔當，而不是怨天尤人。

疫情下法師的體悟

問：疫情關係今年都無法離開香港，自己確實獲得休息，不僅是身體的休息和調養，還有在心靈上審視自己，怎樣的路可以走得更寬闊一點。法師，平常您都在台上和大家講經說法，請問您今年最大的煩惱是甚麼？

答：疫情當中，每每見到感染數字、死亡數字頻頻上升，見到與疫情相關的新聞，封城、搶購、醫療體系不堪重負、醫療人

員疲於奔命，我的心裏總是很難過，的確也感覺困擾，祈求疫情快快過去，眾生之苦快快解除。

此外，疫情中我也有一些收穫，俗務少了，時間多了，每天做做運動，身體比以前健康了，讓我對生命有另外一個體驗。其實你想，人生何處不風光啊？忙有忙好，靜有靜好，人生是需要慢慢體會的。

學習看破

觀眾：法師好！《金剛經》讓我們做到身心自在，是不是任何事情都是照《金剛經》所講，放下、解決、自在、安樂呢？

答：《金剛經》的境界很高，「一切有為法，如夢幻泡影，如露亦如電，應作如是觀。」他告訴你「有為法」都是無常的，都是變化的。《金剛經》亦說「應無所住而生其心」，但是我們眾生就「有所住」，沒辦法抽離，因為有我相、人相、眾生相、壽者相，我們還是凡夫境界！所以太虛大師說「仰止唯佛陀，完成在人格」，就是說「高山仰止」才是我們的終極追求。這種境界，我們從理上可能懂得，在事上就做不來。

有這樣一個故事，有位大珠慧海禪師，他修行得非常好。有人問他：「大師你怎麼修行？」他說：「我就是吃飯和睡覺！」那個人笑了，天底下哪個人不吃飯，哪個人不睡覺？如果吃飯、睡覺也是修行，那天底下的人都在修行了。禪師說：「不是，你吃飯的時候沒有吃飯，睡覺的時候沒有睡覺，因為你睡覺的時候千般計較，冷了不行、熱了不行，軟的不行，硬的還不行；你吃飯的時候百般需索，鹹了不行，淡了不行，

吃的是味精的味道，調味品的味道。」

倓虛大師說：看破、放下、自在、安樂。其實看破不容易，放下也不容易，所以我們就不自在，也不安樂。但是我們可以學習，學習如何看破、放下，這是一個永恆的話題。

從祈求開始學佛

觀眾：寬運法師好！疫情發生快一年了，我們身為佛教徒，想佛菩薩保佑，都會念一些經或咒，我在網上看到《佛說避瘟經》後就天天都念。請問法師，這些經是不是佛教的經典呢？還有我們念這些經，對世界、對自己、對眾生，或者對醫務人員是否有幫助呢？

答：我們中國人是祖先信仰，功利信仰。祖先信仰就是祈求望子成龍，望女成鳳；功利信仰就是保佑我們健康、長壽。《藥師經》說，要長壽得長壽，要富饒得富饒，要官位得官位，要男女得男女，要甚麼就得甚麼。所以只要是中國人，都喜歡保佑的文化，我們的社會千百年來皆是如此。

其實佛菩薩既不賜福，也不降災，福和禍都是自己感召而來的。那你難免會問，既然不保佑，我們還要不要拜佛呢？要的。因為眾生與佛有迷與悟的分別，佛陀是我們的終極追求，高山仰止，他是一個智慧圓滿、福德圓滿的人，我們要向他學習。

再來說說這個《佛說避瘟經》，其實《大藏經》裏面沒有這部經的記載。佛教經典浩如煙海，內涵博大精深，很多經典都值得大家反覆研讀，學習其中義理，指導我們的人生，像《地

藏經》、《金剛經》、《心經》等等。也正因為如此，歷史上有名的玄奘大師，他發大願去西域取經：「寧可西行一步死，不會東歸半步生。」他的願力非常之大，就靠誦持《心經》的心咒：「揭諦，揭諦，波羅揭諦，波羅僧揭諦，菩提薩婆訶。」譯義就是說：「去吧！去吧！去到彼岸吧！一起去彼岸吧！成就圓滿的智慧！」

我們沒到一定境界的時候，還需要這種「超能量」。其實，「何期自性，本自具足」。我們學佛的目的，就是希望將來有一天，我們可以和佛陀一樣，那時，我們就不需要拜佛或去求佛了，因為我們自己就是佛，與佛無一無二。《金剛經》說一切相都是虛妄的，到了那個境界，「有為法」是空的，那「無為法」又何嘗有呢？這個是境界的區別。對我們凡夫來說，你想求甚麼就求甚麼，佛教說「先以欲鈎牽，後令入佛智」。因為我們都想得到好處，沒有好處就不幹，所以說，還是要從好處開始，這是第一步。

如何在生活中行慈悲

觀眾：師父，我們也在修慈悲心、菩提心，但是過程當中總會遇到很多障礙，想請師父開示一下，如何在生活當中培養慈悲心？

答：這位居士說得非常好！剛才闡述了，「慈悲」是宇宙中最大的能量，但是我們學佛總會有很多障礙，身邊有很多障緣。佛教經常說，我們要結善緣，「諸惡莫作，眾善奉行；自淨其意，是諸佛教」。

我們每天都應該結善緣，佛教的「四攝法」有教大家如何去做：首先要布施，布施不一定要予人錢財，好的眼神、面容、語言都是布施。有力出力是布施，無力出心還是布施，今天你坐在這裏就是布施。你看我跟你就結成了這麼一個對話的緣，其實你們都和我結了緣，而這個緣都是多生多世的緣。我一直強調，珍惜眼前人，珍惜身邊人，珍惜有緣的人。我們多結點緣，世界自然就會美好。我師父曾跟我說過，有一位居士對我就是不滿意，我怎麼做他都不滿意。我問師父為甚麼，師父說我跟他前世結的緣不夠，今生又沒去結緣，他看到我就不舒服。那一刻，我明白了。

講到這裏，我又想起當年釋迦佛和迦葉、阿難尊者去化緣的故事。那是一個炎熱的夏天，他們經過一個西瓜園，釋迦佛叫阿難去化一個西瓜來，讓大家解解渴。沒想到，西瓜園的年輕女子一見阿難，不但不給西瓜，還罵走他。於是釋迦佛就改叫迦葉去。女子見了迦葉，對他非常熱情，不僅請他吃最好的西瓜，還幫他精挑細選些大西瓜，親自送到佛陀那裏。大家都很奇怪，為何女子對二人的態度反差這麼大，於是佛陀便向大家講述多生多世前，阿難與迦葉行腳經過一處田野，路邊有一腐爛發臭的貓屍，阿難掩鼻繞行，迦葉為其三皈依後並掩埋貓屍。那隻貓便是該女子的前生，因迦葉之善行而轉世為人。佛陀表示今天剛好因緣成熟，故意讓他們兩位現身說法，說明結善緣的重要性。

如今能跟大家在一起面對面分享，是我們多生多世累積的緣，而這個緣恰好今天成熟。但是即使結下不好的緣也沒有

關係，我們可以通過懺悔、反省自身去改進。佛教常說：「未成佛道，先結人緣」。平時廣結善緣，善因善緣具足，那麼做任何事情都容易成就了。

結語：今天我們知道了，佛菩薩是慈悲的，對於眾生都是憐憫的，不分你、我、他。「疫」境之下，我們更加需要廣結善緣，儘量化解惡緣。正所謂，冬天來了，春天還會遠嗎？希望大家聽了法師分享關於菩薩道精神的實踐，能夠讓自己產生力量，帶給別人溫暖。

（寬運法師　香港佛教聯合會會長　西方寺方丈）

「講座視頻連結」

如何在「疫」境中
體悟無常、省思
生死

淨因 ————————

三重思維境界

這個題目的核心思想是從「常」入手，領悟「無常」，並以平常心之「常」對待新冠疫情。這三組詞代表人在三個層面的思維：第一個層面是以「常」的思維去看世界、看人生，這是我們普通人的「常」見；第二個層面是以「無常」的思維去看世界、看人生，這是有修為的人應該培養的世界觀；第三個層面是以平常心看待世間的不平常事，這是修行者追求的最高境界，是悟道人的思維。

（一）普通人的「常」見

我們一般說的「常」，基本上是普通人看世界的「常」觀。我們觀察身外事物時，人物的我、你、他；顏色的赤、橙、黃、綠、青、藍、紫等等，覺得這些都是客觀的，真實存在的，是恆常的。

一般人有很多煩惱，佛教認為就是因為有了「常」見，着了相。甚麼叫「常」見？紅的就是紅的；男的就是男的；美女就是美女；狗就是狗；人就是人，覺得這些都是不能改變的。

比如萬佛寶殿兩旁的牆，你認為顏色是紅色的，覺得這個紅色是客觀的，今天、明天甚至 50 年以後它還是這樣，這是真實的存在，所以應該是「常」的。其實不論是甚麼顏色，如果是客觀不變的，是永常的，恆常的，那麼任何一個生靈看了都不應該因而改變。然而，科學研究表明，由於狗有色弱，牠們看到綠色時眼裏為灰白色；看到紅色時眼裏為黑色或褐色；看到橙色時眼裏為淡黃色。顏色是眼球接收到某種光，反應以後得出的一個影像，又或者可以說是我們的思維翻譯出來的東西。顏色其實不是客觀的，但是我們卻誤以為它是客觀的。

顏色對我們影響還不太大，真正可怕的是着了相，以為我是真的，我的權利是真的，我的錢是真的，這些都是「常」，不能失去，只能獲得。我們一直有一個非常古怪的想法，認為健康是恆常的，一旦健康出了問題就不正常，接着開始有各種各樣的負面思維，麻煩亦隨之生起。

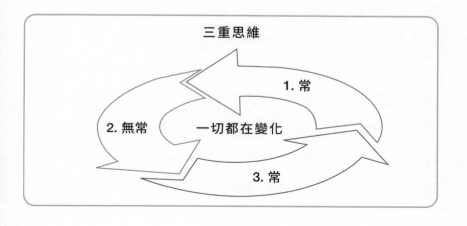

三重思維

1. 常

2. 無常　　一切都在變化

3. 常

　　一般的人認為活着就是常，如果突然告之得了癌症，或快要走了，或者感染了新冠肺炎，就覺得極不公平，整個人生好像要坍塌一樣。其實活着是偶然，生老病死，才是必然。我們誤把必然當成偶然，然後堅持偶然是常態，而必然是非常態，其實這是思維的高度還未夠，如果這個思維不改變，一旦你誤以為的那一種必然，不按照我們的想像去發展的時候，我們就苦惱了。

執相為實有，執我相為常

　　我覺得佛教用「四相」來總結前述的「常」見，總結得特別好。四相是「我相、人相、眾生相、壽者相」。其實，一般人所謂的「常」就是着相，誤把看到的影像當成客觀、實在、真實。很多經典用四相來描述，只要跟我有關的都期盼它是真的，儘管它是無常的，我們心中卻期盼它是恆常的。而因為它本身就是無常的，遲早一定會變，一旦變化了，我們就不高興。我們一般說的這種恆常就是常，認為我不能死，有誰感覺到自己要走的？150 年以後，可能會換一批人，儘管很殘忍，但這是事實。人生無常，這

句話不是拿來隨便說說的，是真實的。

　　我相可分為自我、我所、我見和我證。第一個「自我」，是我的想法、我的壽命之類；第二個「我所」，是我的財、色、名、食、睡，這些都認為是我的。所有這些東西都是無常的，但我們誤以為是我的財富，覺得只能增加不能減少，一旦減少就不開心；第三個「自見」，我的知見，自己的觀念一旦形成了，那就是對的，別人就不對。比如，家庭裏面有很多爭吵，我對，也不一定代表對方錯，可能是兩個都對，或兩個都錯。一旦你要追求恆常，一個對，另一個必定錯，那便會出現競爭、對立，很多的爭執都由此而產生，包括你現在有甚麼樣的境界。我想跟大家說明，所有這些東西不論是我的，我所有的，都是執我，這些東西都不是恆常的，都無時無刻不在變化，可惜我們的思維出了問題，誤以為它是常，期盼它是常，當它變化的時候就會苦惱。

　　2020 年面對新冠肺炎，世人同樣如此。比如，壽者相，我們很期盼能活到 150、200、300 歲，希望萬壽無疆，事實上是不可能的，這是人所共知的。但我們又傻乎乎的，對自己壽命蠻在乎，而且認定自己能長命百歲，否則的話一定跟你急。

惑業苦

　　所以，現在真正出問題是甚麼呢？比如生老病死本來是最平常的事，是一個常態，而不是非常態。我們普通人卻認為生病不是我們的常態，如果我們生病就不對。又比如某人現在經營的公司業務有起伏，他就認為不對、反常，只認為好才是常態，這都是糊塗，沒有智慧。當結果不是你所預期的，你的心就會很焦慮，

這就是痛苦的開始。我們執着於自己認為的東西，比如財富、名利各種各樣的東西，在這個時候，因為認為它是常，就會執着，抓住不放。得到的你會多加保護，得不到的你可能會不擇手段謀取，這就叫造業。

佛教常常說，你的苦是怎麼來的？那就是惑業苦。當我們的思維沒有智慧、糊塗、無明，其實就是起惑，說明你沒有想清楚。因為真實的東西你不了解，拼命要了解你期盼的東西，誤把無常當恆常，本身就是錯誤的思維。一旦你有了這樣的錯誤思維，就會造業，對身、口、意做一些給你未來造成麻煩的一些事情，你的結果一定是苦的，這就是惑業苦。

（二）修行者的無常觀

目前，新冠肺炎疫情還是蠻嚴峻的，這個時候我們要勇敢地面對這個現實，不要把目前這種狀況用很長時間的思維去看待，覺得怠惰，或不去理會。如果你認為所有不好的事都不應該在我身上發生，如果發生了就不正常，那你就苦上加苦了。人生不管發生甚麼事，皆是因緣，皆有成住壞空，都需要勇敢地面對它，慢慢去改造它，這可能就是佛教真正想說明的一點。

共業的五個法則

很多人對佛教的業力理解不太正確，把「業」誤解為單一的業力法則。其實，佛家在講解「業」時，除了業力法則外，還有其他四個條件：物理法則（Utu-niyama）、自然法則（Dhamma-niyama）、遺傳法則（Bija-niyama）和作意法則（Citta-niyama）。以

地球為例，它由板塊組成，裏面有岩漿，到了一定的時候會地震，這是物理法則。任何一樣東西，都不是憑空產生的，都不是永恆的，都是由以上五個條件匯聚而成，然後才有一個結果，而且事情無時無刻不在變化，一個變化會引發所有的結果產生變化。以新冠肺炎來作比喻。如果一個人得了新冠肺炎，可能與這五方面都有一定的關係。我們作為一個真實社會的人，物理法則顯然而見。那些身體不太強的人可能比較容易受感染，所以身體不太好的人，就要鍛煉身體，好好愛惜自己，身體健康是第一要務。不要老是貪吃貪睡，不去鍛煉。如果把身體鍛煉得好一點，可能會有抵抗能力，物理法則是可以幫到我們的。有些人得了新冠肺炎，表面看起來還好，那是不是跟他平時沒有注意健康，或者損害自己的健康有關係呢？

第二是自然法則，我們這個星球本身就是一個有病毒的星球，據科學家研究，目前地球上有 160 萬種病菌，我們現時知道的只 3,000 多種，能控制的就更少了。天花控制了，小兒麻痹症控制了，但新冠肺炎顯然還沒有，我覺得那是一種自然法則。我們每個人的身體裏面都有一定的病菌，那是遺傳法則。瘟疫對人類的威脅從來沒有停止，不是只有現在才出現，這是自然法則。

第三是遺傳法則，我們每一個人的身體裏面都有各種各樣的癌症基因，只不過有些人注意好的作息習慣，有些人心態比較好，有些人可能天天鍛煉身體，就沒有誘發、啟動相關癌症基因。但是有些人可能就沒有注意，那麼這個時候，行為就很重要。

第四是業力法則，我個人覺得是有各種各樣的方法可以幫助防治新冠肺炎，比如要勤洗手，按要求認真去做。如果不做就染

031

上了，那對不起，沒有人幫得了你。

第五是作意法則其實更重要，這是儒、釋、道真正可以幫到我們的地方。觀音菩薩救苦救難，從某種意義上講，就是運用我們強大的心理因素，然後慢慢地增強我們的信念。你一旦有了強大的心理質素，整個生命就如升級版一樣。可是一旦你認為世界上所有東西是「常」的，你就會執着，執着就犯糊塗，犯糊塗以後會做壞事，做壞事就有不好的結果，然後就不斷循環。

若問我對新冠肺炎有沒有甚麼經驗總結？有，但不是單一向度的。或者說某個人得了新冠肺炎，是不是代表他幹了甚麼壞事？不能這麼說，因為除了業力法則，還有其他四個法則會影響。

這五個法則中的前三個我們很難控制，我們真正能控制的只有後面兩個，佛教強調業力法則，只要你努力，就可以控制它、改變它，進而可以改變整個結果。這不代表它是唯一的或最重要的，但確確實實只有業力法則跟作意法則是人類可以控制的，有可能改變結果，所以才強調這兩個。如果你單純地把事情的結果只歸咎於某一個法則，我個人認為是無知、無明、自尋煩惱。普通人的這一種「常」見，產生執念，就是腦袋犯糊塗，思維不高就會做一些不太聰明的行為，最後一定帶來惡果，這都是「常」見鬧的事，就是人以恆常的思維去看待自己，看待周圍的事物。

無常觀的積極意義

佛教真正做的是用無常來破除我們的常見，無常是一種武器，是一種工具，如果把我們的常見破了，無常也要放棄。很多人一直認為佛教就是無常，天天說無常，這是因為常見還沒有破

除，無常這武器還有用。如果你沒有破除，還得要受。

　　佛教不是為了強調無常，無常是指沒有固定一成不變的東西，佛教用無量的篇幅解釋這個道理，因為它是很複雜的。如果從大智度來講，它相續無常，命運無常。相續無常裏面有人生無常、世界無常、世事無常等等。要真正能體悟無常，然後慢慢改變我們的執着，放下，你首先必須了解無常的道理，不了解無常的道理很難放下。

　　我們看到身外的東西認為都是恆常的，我們要真正跳脫出來的，應該是沒有固定不變的這一種實體，它是因緣而生的，但是我們就改不過來，因為我們的思維不夠高。思維很重要，人的思維高度愈高，整個容量就不一樣。我們學佛法，核心問題就是學一種思維方式，或者是智慧型的思維方式，這才是我們真正需要的。

　　所以，「常」是針對普通的思維所給我們帶來無窮的執着，把我們捆綁住。比如愛情、親情，各種各樣的。那不是要跟不要的問題，而是如何提升思維高度的問題。應用無常觀或者無常的思維來看待新冠肺炎，看待自己的伴侶，看待自己的敵人。只要培養了無常的思維，就會海闊天空。

　　無常的思維到底是甚麼？無常的意思是沒有靜止的，沒有長固不變的，沒有客觀不變的。因為它不是靜止的，它一直在變，無時無刻不在變化。用緣起、變化的思維，不要用靜止的思維去看人、看事、看物，這就是用無常觀來看待。

活在當下，從容出疫情

　　如何用無常的思維去看新冠肺炎？如果靜止的思維（「常」）

去看事物，便會令人覺得很可怕、恐懼。但如果你用無常的思維，它就不是固定的，要麼更好，要麼就變壞了，這兩個都有可能。如果我們真的不能夠從本質上增加好的條件，那麼情況會愈來愈壞。如果你增加好的因緣，它慢慢就會改變，往好的方向走。如果大家都不重視，可能會愈來愈壞，它是無常的，是變化的，要好要壞，你自己決定，這就是無常的觀念。我們不要怨天尤人，新冠肺炎跟每個人都有關係，我們的一舉一動都會影響它的發展。所以，要防止新冠肺炎，要解決它，要靠我們各人努力，光評論甚麼都不做，是不可能的。

（三）聖者悟無常之理恆常

佛教談無常，是用無常的思維來破除我們平常人恆常的執着，佛教常常要達到一種「常」的境界，即無常之理恆常。真正的「常」就是領悟到無常這個道理是永恆的，最後慢慢去悟這一種無常的道理，成為了宇宙人生的一個永恆的規律。按照這個規律去生活、去做事、去做人，慢慢你就會愈來愈開心、自在，所以，聖者悟無常。無常的道理是恆常的，這是真正「常」的意思。

平常心是道

真正進入到無常，就是領悟無常的道理是恆常的，就是把我們普通人認為不平常的事看成是平常的，這時候你的心情就完全不一樣。以平常心觀不平常的事，則事事平常。生老病死是平常事，新冠疫情是平常事。平常心不是看破紅塵，不是消極遁世，而是一種境界，是積極人生。平常心是道，不以物喜，不以己憂，

無時不樂，無時無憂。工作本極平常，敬業不衰，全力以赴，竭盡心智。

把新冠肺炎當成是一種很不平常的事，是普通的思維，到了最高境界，其實生老病死是恆常的，如果不生病只是一個偶然，如果不死亡卻是不可能的。所以把一般人認為不平常的事，看成是平常的事，你就心平氣和了，該怎麼解決就怎麼解決。那麼具體要做甚麼呢？只專注於此時此刻能做甚麼，佛教裏面常常叫活在當下。

我有一個很好的故事，叫做「枯井裏的驢」。農夫養了一頭驢，一天驢掉進一口枯井裏。農夫嘗試了各種營救的方法，忙碌了幾個小時都沒有結果，最後不得不放棄，然而井裏傳來驢子斷斷續續的淒慘哀嚎聲，農夫傷心不已，於是他請左鄰右舍來幫忙，決定儘快將井中的驢子埋了，減少牠垂死掙扎的痛苦，早早

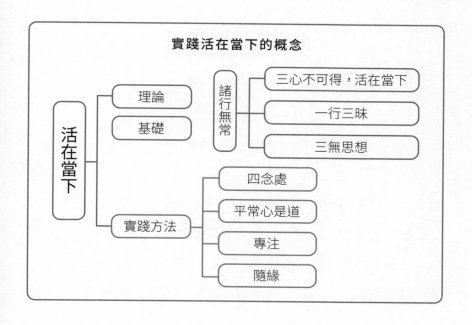

實踐活在當下的概念

活在當下
- 理論基礎
  - 諸行無常
    - 三心不可得，活在當下
    - 一行三昧
    - 三無思想
- 實踐方法
  - 四念處
  - 平常心是道
  - 專注
  - 隨緣

如何在「疫」境中體悟無常、省思生死

解脫。一鏟鏟泥土落入枯井中，打在驢子背上，牠痛苦萬分，出於求生的本能，每次泥土打到驢背上，牠就用力抖掉泥土，然後踏到泥土上，大家忙碌了半天，枯井終於被填平，傷痕累累的驢子輕鬆地跳出枯井，獲得新生。

現在我們就像井中的驢，如果只想着如何解除痛苦只會更苦，對解決事情根本沒有幫助，那就應該活在當下。在深井裏使用甚麼方法都很難，因為井太深又窄，根本無法把驢拉上來。最簡單的方法是，往井裏填土，填一點，驢動一下，然後慢慢把井填平，驢不就出來了嗎？

現在的新冠肺炎給個人、家庭、社會，乃至全球帶來的困擾，比井還要深，這時候抱怨、指責、甩鍋（推卸責任）都不是辦法，辦法是每一個人能做甚麼就做點甚麼，少抱怨，慢慢一定會過去的。所以，我們就用這個「常」、「無常」、「恆常」，來讓大家想想這個概念，希望對大家有一點點幫助。

對 談 錄

問：曾瀞漪　答：淨因法師

問：法師說要積極地看待無常，但是，有一些人選擇自殺，也有父母帶着孩子自殺。面對生死抉擇的時候，甚麼樣的念頭可以讓他們不往自殺那條路走去？

答：其實誰都不想自殺，自殺的原因固然很多，但是有幾點可能

是共同的。當某人放棄生命，他已經絕望了，可能他覺得沒有任何活下去的理由，這是人生觀的問題，或者涉及生命的意義跟價值的問題。有時候，他可能把很小的事當成他的全部，好像井裏的驢，眼中只看到一點點天，其實他真的需要很多熱心人去幫助他。有時候可能一句話就能徹底改變一個人，一念之間由打算跳樓變得不跳樓。說起來很簡單，但是真的需要更多愛心。世間苦難的人很多，我們幫助苦難的人有時候不一定需要很專業，有時幫助他們的就是你的傾聽。很多人不願意聆聽對自己沒用、不相干的人的話，他們可能也沒有辦法跟任何人分享、溝通。所以選擇自殺的人，基本上是沒有信任的人，如果他們有比較好的家人、閨蜜或者好朋友，基本問題不大，因為他們有聆聽溝通的渠道。他們要的是一個希望，一個活下去的理由，這跟人生觀是有關係的，所以我們能做甚麼就做點甚麼，不要那麼冷漠，因為他們要的不多，只是他們的思維鑽到了一個很小的框框裏。他們一旦從框裏彈出來，便發現外面的空間很大。但是怎樣能

走出這個思維的瓶頸？重新給他們點燃希望，點燃勇氣，這就是我們要做的。

問：當一個人心裏很痛苦時，坐在觀世音菩薩前念着「觀世音菩薩，大慈大悲救苦救難觀世音菩薩」，請你幫助我，這樣做能夠離苦嗎？

答：如果你有情緒，最可怕的就如火山一樣，下面一直有壓力，上面卻沒有出氣口，壓得愈久，危險愈大。只要他念大慈大悲觀世音菩薩，他還寄予了期望，然後他會想辦法自救，別人只是一種點化。所以真正的觀世音菩薩是一種精神，「能淨是釋迦，喜捨為勢至，慈悲即觀音」，有慈悲心的人，有母愛心的人，就是觀音菩薩，能救很多人。

幫助別人也要看因緣

問：法師，我覺得在社會上有時候人很容易覺得受傷害，比如，很多善信都會很關注左鄰右舍，關心朋友。可是在這個社會，人們特別敏感，特別容易受傷害，當我們想關心別人，他可能反倒覺得我們多管閒事。一來一往，就覺得自己幹嘛那麼多管閒事。本來作為一個願意幫助別人的人，自己也變得冷漠了。於是，我們作為一個想要積極向上的人，覺得自己可以幫助某些人，別人卻覺得煩，那怎麼辦呢？

答：這真的非常殘酷，有些人把自己封閉起來，無論你說甚麼，他們絕對不會向好處思考，這是很危險的。其實我們不是要等到某人要跳樓時才去幫他，我們真正應該做的，比如定期共修，針對心靈需要去分享。

人生的問題不是太多，很多問題都是共通的。很多人認為我很要面子，這是天大的事，家醜不可外揚。很多人會面對同樣的問題，因為人性有時候是相通的。那麼我們學傳統文化也好，學佛教也好，不要僅停留在文字上，要把自己的人生智慧、思維，包括渡過某個難關的經驗，跟別人分享，這是最大的布施，叫無畏施或者法布施。平常可以組織一些分享小組，如果有人有需求，他會過來參加。

觀音菩薩、釋迦牟尼佛都說，佛不度無緣之人。如果沒有緣分，不要老是為難自己，我們只是盡力去吸引那些真正有緣分的人，救一個算一個。不能包幹天下的事，因為每個人有自己的因緣。不要去救別人的時候，令自己受牽連，天天後悔。人家認為我們是出家人，他高興的時候不會找我們，不高興了就打電話來嘮叨一番，我們還真去操心琢磨如何小心地給他建議，可人家已經好了，出去旅遊了，我們還在瞎操心。所以，要有這樣一種環境，有事就分享，沒事就不干涉，這樣的心靈夥伴，這種團隊，現在真的很需要。

問：法師我能不能這樣理解，如果我們有心、有力，我們可以組織小團體，然後大家分享，因為每個人的苦惱並不獨特。

答：分享很好，每個人都有自己的人生和人生閱歷，其實大同小異，互相啟發，真的會很好。

問：在分享的過程當中，如果有人有苦惱需要幫助，我們當然持着觀世音菩薩大慈大悲救苦救難的心去幫助別人，但是如果需要幫助的程度超過我們的能力，也不要勉強，因為那不是觀世音菩薩希望我們去做的，每個人一定要看自己的能力，

幫到多少便多少，否則自己也掉入了苦難當中，那也不是菩薩要做的，是吧？

答：對。這個時候我們特別強調的是團隊，一旦有團隊互相支持，互相啟發，受助者的進步會快，力量會增大，所以團隊很重要。

生死與輪迴

問：人類面對生一定會面臨死，但是人死一定會再有生嗎？人死了會怎麼樣？

答：這個問題很有代表性，我們說有生必有死，有死必有生。如果簡單回答，就是輪迴。如果你相信輪迴，那麼所謂的死亡，其實是新生命的開始。但是佛教真正想表達的不是這個意思，想說的是不生不滅。因為世界上的一切都沒有一個是固定不變的。一旦說死跟生，就是會覺得是二元對立，而佛教認為是緣生緣滅。因緣和合了，就會產生；因緣少了，就會分散，但是它的主體還繼續往前走。有點像陽光，一點點傳遞給我們，光線沒有生死，只會持續。

那麼生命是甚麼呢？生命就像流淌的河水，只有延續性，沒有生死。民間講生死，佛教講延續性，生命是延續的，它相當於陽光的光波，一點點往前走，一直在流淌。所以你說的有代表性，但它不一定很專業。

問：我們總是希望能夠搭着那條河或那道美好的陽光，繼續延續下去，所以人是需要修行的。我還想回到生死的問題，前幾天我看到一個數字，有 34 宗願意捐出器官的個案，幫助需要

的人能夠活得更好。捐器官對於要往生的人來說是不是一件重要的修行？如果是，該如何克服捐器官的心理障礙？有人說，即使我們不能呼吸了，可是我們還有意識，天上的靈魂還能感受到身體的痛，捐器官的時候可能會對身體不捨，請問該如何去看待關於生死之間捐器官這個問題？

答：這個問題很厲害。其實不同的人的思維境界都不一樣，你就做你能做的事。佛教不會強迫任何人，作道德綁架。不是說你捐了就好，不捐就不好。必須根據自己的實際情況，來決定應該做些甚麼。對於大多數人來說，如果還不能度過捐器官這一關，就讓他們作出自由的選擇，這是第一條。第二條，捐贈器官的人會有一點情懷或者對生命意義的一些看法。他或者已參透生死，自我變得無我，到了這種境界後才能談得上捐贈器官。如果你認為這個心是我的，你還是有我執，你若給了別人，一定不平衡。

我們剛才從常到無常，再到常，其實就是有我，再到無我，再到我。這是整個思維的高度，如果你領悟到無我的道理，所有東西都是各種因緣的組合，那便不會把它當作是你自己的。如果你有這樣的想法，代表思維上仍會有一些反覆。

如果已經想明白了，通過這麼多年的學習，便知道我這個人生就是精神跟物質的組合。人走了，臨終時可能就像第八阿賴耶識，像河水一樣流淌，無論是支票、房子、車子、妻子，甚麼都會流走，一樣都帶不走，更何況你的心肝脾肺、眼角膜？所以，我個人覺得要分開談。如果某人神志清醒，有很強的捐贈意願，就應該尊重。要講生命的意義，對自我要有

一定的認知。

業力的來源

問：有人問，親人因為疫情去世，這是不是受業力影響？這業力
該怎麼辦？這是他的業力？還是全家的業力？社會的業力？
是否我們都沒辦法，只能看着這個業力發生？

答：患了新冠肺炎去世肯定是因為業力的影響，這個果是不好
的。佛教的看法是任何一個果，不是源於唯一的一個因的。
去世的人，都是很多的因，最後才會有一個果。從某種意義
上來說，業力有五個方面的條件，比如說物理法則、自然法
則、基因法則等，比如說我自出娘胎，就會有一些不同的基
因，然後才受行為法則、作意法則影響。所以不可以說全是
他一個人活該，說這種話的人不懂佛教，而且殘忍。

佛教真正想說的是，一個人去世後，你必須面對它，接受它，
超越它，然後感悟它。不要讓同樣不好的事情再發生。這就
是過去心不可得，過去不管發生甚麼，它已經成為事實，你
就永遠讓它活在過去。追回來，對未來沒有一點幫助，最重
要的是通過已發生的事情，從中省思，這樣更有意義，而不
是糾纏於某一件事本身。

問：現在疫情這麼嚴重，疫苗仍在研發，成效亦未知，這段時間，
比如佛教徒信佛菩薩的力量，可不可以為自己或者為世界眾
生念咒或念經，求佛菩薩幫助渡過疫情？

答：這是非常重要的。剛才說了，業力有五個，最後一個叫作意
法則，就是說世界上所有問題，可能都跟人有關係，而人的

問題跟心有關係。你怎麼想你就會怎麼做，你怎麼做就會有相應的結果。特別像觀音誕，真正要做的就是一個人求，然後帶動周圍的人求，慢慢形成一種悲心，希望我們所有人遠離疫病。每個人有這種意識，慢慢它就會產生作用。

問：可不可以叫作一切唯心造？我們發這樣的心，為眾生求，為自己求，這個力量是有作用的，而且我想問該念甚麼咒？甚麼經最好呢？佛教講無所謂哪個咒，哪部經，應該是誠心最重要，這個講法對不對？

答：你念經的時候，如果有信心，讓你歡喜了，那部經就是對你最好。相當於人病了，沒有哪一種藥方最好，能治病的藥方就是最好的藥方。沒有某個人說哪一部經最好，這是不科學的。

素食的潮流

問：香港和臺灣都有疫情，但是很快就減退了，我覺得兩地比較多人是素食者，以前是殺生比較多，現在很多人開始吃素。但是歐美地方吃素的人比較少，這是不是殺生的問題？疫情蔓延了，是否因為慈悲心欠缺了，或殺生太厲害了？

答：你說的這個問題確實是一個現象，但是它的原因真的很複雜。這跟管理者是否重視人命亦有很大的關係。吃素是一個心念的問題，重視人命跟吃素的心念是一致的，但不一定吃素才能控制得好。比如東西方文化的差異，對它的態度可能不一樣。西方往往注重個人意志，東方注重集體意志。所以沒甚麼不好跟好，不能把西方的很多東西強加到東方來，我

們也沒有必要把東方的東西強加到西方。因為這一羣人就是有這樣的思維、這樣的文化，這就是一個共業。

整個環境、文化、生活方式、思路，所有東西加在一起，可能最後就會有一個結果。倒過來說，東方跟西方可能對待新冠肺炎的方法和處事是有差別的，但有一點是肯定的，美國可能也做得很好，他們也很努力，但也有很多特殊原因令他們的疫情反覆。所以，當我們看到東西方對新冠肺炎的處理方法有些不同，但絕對不能夠把某些差異看成是全部，很多東西還有待我們繼續探索。至少我現在不敢說任何現象，因為太多因緣、太多因素、太多條件造成，不可以太早作任何極端的結論。但我還是覺得，今天科技進步了，可能每一個地方都盡了他最大的努力，讓損失減到最小，這是我所相信的。不能完全歸咎於吃素與否。

無常的可能性

問：我覺得很難用一個積極的態度去處理無常這個概念，就好像法師之前所講新冠肺炎一定會過去，但是整個過程有很多種方法可以去做。如果我們只想着它是無常的，會不會缺少一些積極的方向？就像我們做人做事要有目標，但是如果用無常的概念，那個目標真的是「常」嗎？我們要理解無常，然後往下一個目標前進，可是那個目標都可能是無常的，我們應如何去理解？個人覺得很難用積極的心情來看待無常，因為它確實真的是無常，所以常常會讓人覺得消極。

答：無常從嚴格意義上來講，是一種思維方式，如果你把一種東

西固定到某個模式，我們叫着相，這時會帶來無窮的麻煩。如果是所謂的無常，就是說一切的一切都是有條件而產生的，那麼結果是好還是壞，不確定，這也是無常的思維。如果你想它好，你努力的時候就要加上好的元素，如果不努力或投機取巧，結果會慢慢走向相反方向。所以，無常能給人帶來很多希望，如果說是「常」的話，我們可能永遠長不大，因為它是恆常不變的；如果說是恆常的，那就是我們犯了錯誤沒法修改。因為有無常，一切都是因緣。原本可能我的思維方式不對，我做得不對，現在我改變一下，可能結果就會改變。

你可能會往下走，也可以往上走，無常帶來無限的可能性，無限的機會，帶來了人生的精彩。原本我不精彩，如果努力，我會更精彩。所以無常是一種力量，是一種機會。如果有這種思維的話，我們會永遠地堅強不息，一直往前走。

無常就是不要用固定的思維、靜止的思維，看待自己的成功與失敗。無論是成功還是失敗都是無常。你如果用恆常的思維，認為我成功，就會永遠成功，那就是禍根的開始。如果用無常的思維，我現在成功了，那個成功的因緣已經結了，未來要繼續努力，才能繼續成功，而不是你誤以為這個成功的有效期為一百年，這是很蠢的思維。無常就是變化的意思，因為變化才有無窮的可能性。

問：我們是否應該喜歡無常？

答：不對。我覺得佛教從來沒有說喜歡跟不喜歡無常，只是說針對那些老是強調我是我，你是你，我永遠喜歡成功，否定失

敗，即針對那些時常用恆常思維的人，引進了一種武器，這種最先進的武器便是無常的思維。它跟喜歡沒關係，亦不是感不感恩的問題，無常的思維是有針對性，它只是一種藥。

問：就是以平常心來看待這個事情？

答：不對。那是具體落實的方法，用無常的思維去看待成功，看待失敗，看待新冠肺炎，看待所有，你馬上就會輕鬆得多。你期望持續成功，但不努力，成功怎可能可以延續？所有的成功都是有條件的，而不是續約，不可能只更新一下便能繼續成功。

（淨因法師　寶蓮禪寺方丈

南京大學中華文化研究院生命哲學研究中心主任）

「講座視頻連結」

世間無常，國土危脆

我們所處的世界是變動不居的，《八大人覺經》說：「世間無常，國土危脆」，這句經文不但是對現象的描述，而且是對事實的教示。教導我們明白世間一切都處在敗壞之中，以及能夠在這敗壞之中念念無常。尤其現在面臨新冠肺炎的疫情，人心惶惶，因而，就佛教的教導，通常會從「無常」以及「貪、瞋、癡」三毒來看這個問題。

現在的人該如何面對於新冠疫情？該用甚麼心態？用甚麼知識、背景、常識去面對所遭遇的困難？如果從佛法的角度來看，不外乎就是「無常觀」。因為是佛教徒，所以要在心中保有這樣的觀點，並且使用這套觀點來面對境緣的升起。

凡事處於變動不居的情境中即是「無常」。除此之外，現今普

羅大眾對於「無常」有另一個解釋，當一個人遭受不幸，如面臨生命的挫折或是死亡，或財產的損失時，大家會說這是一種橫逆，遭遇困難，「無常」到來了。但是，這只能說是無常的衍生意義。

佛教對於「無常」的解釋，是指世間一切有為法皆生滅遷流而不常住，即是緣起緣滅的情狀，一種變動不居的狀態，一切有為法皆由因緣而生，剎那生滅，故總稱「無常」。《金剛經》用「夢、幻、泡、影、露、電」等六個譬喻來說明一切有為法的無常相狀。「無常」是一個中性詞，如同我們講自因自果，自作自受，或自性自度。尤其「自作自受」這一句話，我們常常會用來罵人家，說你活該；做了甚麼壞事情，或是做了不該做的事情，應而活該、自作自受。但這都是引申的意思。

疫情在全球肆虐，一場看不見的戰爭，恍如人類的浩劫。

如此真切的苦難，帶給人類無比的傷痛，處處都有刻骨銘心的故事在發生……武漢封城，接續外國不斷感染……我們看到有一家人的大人全因感染病毒而死亡，只剩小孩子，孤苦無依。令人傷痛的事，不斷發生。還有，有位意大利富豪因家人全部感染

新冠肺炎而死亡，深感人生毫無意義，最終選擇跳樓自盡。

現在面臨的困難，的確需要我們冷靜下來，好好思考，反省一下。反省是件極為重要的事情，對於個人生命意義的提升，反省是不可或缺的一門功課。儒家曾子曾經說：「吾日三省吾身。」每天反省，多次反省：「為人謀而不忠乎？與朋友交而不信乎？傳不習乎？」他的意思是「我每天都要多次提醒自己：工作是否敬業？交友是否守信？老師傳授的知識是否有實際地用於實踐上？」有時候，我們在反省時，不是反省自己的錯，而是反省別人的錯。別人如何如何，或是那個人對我如何如何？然後，便顯得非常憤怒，整個人幾乎要爆炸，充分表現出佛教所說的「貪、瞋、癡」三種惡毒。

因緣果報，不可思議

我在年輕時讀書讀到「人定勝天」這四個字時，便讓我內心充滿無限的力量，而且產生一種「不可一世」的感覺，認為在這世間上沒有甚麼事情做不到，即使是「天」，我們都可以超越它。年輕人血氣方剛，而且心中有種種理想，那種「捨我其誰」的精神及勇氣，讓人感到剛強無比。這是以人的力量去改變天地萬物，戰勝各種環境的一種想法。好比現今科技發達，人類認為靠着機械的力量可以改變世界、改變宇宙，事實上是終究會被大自然反撲而自取滅亡。

然而，經由歲月的洗禮，年紀漸長，發現很多很多事情不是這樣的，而是有着許許多多的無奈，沒辦法就是沒辦法，凡事都是因緣。因緣又是那麼複雜的事，任何一件事的成就是眾多因緣

所成，不是單因單果，或是三因三果這麼簡單的事情。

因緣果報是不可思議之事，任何一件事的成就，都是眾因眾緣所成就，否則缺一因或缺一緣便無法成就，例如蜘蛛網，它的每個結點，都跟任何一個結點有關。換言之，任何一個結點之所以能夠被結成，都是因為有其他結點的支撐，每個節結點之間是互相襯托的，相輔相成的。這還只是從平面的角度來看而已，立體的情況就更複雜了，任何一面的結點都跟任何一面的結點有因果關係。那麼，因果是不是很複雜？

光是這樣的三維度空間的因果關係已讓我們無法測知事情的發生、事情的結果等等的實際原因了，因為這已超越了我們的想像空間、想像能力及想像範疇了。我們的邏輯思辨、名相分析、概念思維等等，在此會顯得非常蒼白而脆弱不堪，毫無力道。

如果想像在四維度、五維度、六維度……的空間，那麼，任何的結點的所處、所成、所生，是不是一件不可思議的事情？因而，有人看到一朵花、一片落葉，會輕輕地掉下眼淚，或許他感知到這是多麼不可思議的事情，當他與花或是落葉相遇時，可能他的內在精神已超越了三度空間的情意識。

我們是否需要以這種立場、心態來面對「疫情」，繼而提升「生命意義」？生命意義的提升，絕不是知識的問題，也絕不是剛才所說的邏輯思辨、名相分析、概念思維等等所能做到的。那麼，怎麼做才能提升？我先給一個簡單的答案：如果從佛教的做法，1）必須先具備緣起緣滅的知見；2）實踐。在日常生活中實踐，在行住坐臥中實踐。

謀事在人，成事在天

中國古人對於「人定勝天」的看法是指透過敦厚德行，改善逆境或命運，開創理想的人生。這可用來鼓勵人們努力向上，在品德修養上及智慧修煉上取得平衡，使人的能力不斷提升，凡事能夠勇猛向前，不要因為某些小挫折便裹足不前。這樣的一句話，的確是可以拿來當做座右銘，勉勵大家在人生旅途上愈挫愈勇。這種「愈挫愈勇」絕不是血氣方剛就能夠做到，而是須在生命的情境裏塑造出這種性格。我們常說：「在失敗中累積智慧，在挫折中鍛煉意志。」這種智慧、意志的成就，必定有一相應的性格，才能夠發揮出長久、耐久的作用力來。

因此，如果沒有認識清楚而產生傲慢的話，尤其在近兩百多年來的工業革命（第一次工業革命，約 1760 年代興起），及至當今的科技發展、醫學發達，更令人類有恃無恐。

殊不知人類能夠成就的事，都是小事；大事的成就，唯在於「天」。古云：「謀事在人，成事在天。」只要是人可以做的，都是小事；真正的大事是非人所做成的。淡淡的一句話，道破多少玄機！凡事都有天意，人世間的每一件事的成功，不只是取決於人付出多少努力，還須講求「因緣果報」。人有百算，上天只須一算，但是這一算卻決定了最終的結果。「人謀」是過程，「天成」是結果，這個「天成」在佛法裏也可以說得通，即是因緣，如果因緣具足，即能天成，那麼，因緣具足是件多麼不可思議的事情！

現今的科學告訴我們，眼所見、耳所聽、身所觸的種種情境，只佔宇宙的 7%，這叫做「明物質」，包括山河大地、日月星辰。科學告訴我們太陽系之外有銀河系；銀河之外有室女星系；室女

星系之外有超室女星系；超室女星系之外有長城星系；長城星系之外有泡狀結構的星系……它們一直不斷地在生成，不斷地在擴展。地球在這宇宙中是一粒微塵，佛經早已告訴我們了。如果只從地球的角度、立場來看待週邊的事物，恐怕很難提升生命的意義。因為，自身被局促在這樣的環境裏，跳脫不出這個牢籠。應該從更寬廣的視野來反觀現今的處境，便比較容易安心，比較容易處之泰然，乃至於找一個安身立命之處。

生命意義，到底在哪

人類在這宇宙中太過渺小了，平常習以為常的生活、司空見慣的事情、篤定信奉的科學，在這一刻是不是應該重新思考，重新定位？現今面對「疫」情，如何提升生命的意義，是不是也需以同樣的方式來重新定位、看待？

除了明物質，宇宙中的 23% 是暗物質，70% 是不明物質。你看，這宇宙多麼浩瀚，多麼不可思議，我們所知的非常有限。但是，人類又這麼的自大。我這麼講只是希望我們能夠認識自己，真正認識自己的不足才會謙卑下來。否則，貢高我慢便是一種極度的「無明」，在佛法裏，眾生因為「無明」而流轉生死，在六道裏不斷地輪迴。我想，問題就在這兒，「生命提升」的關鍵點也在這兒。在於破除「無明」，在於遠離「貪、瞋、癡」三毒。

新冠病毒所帶來的疾病、死亡、學習停頓、經濟受挫、人際疏離等等問題，不禁讓我們反思：人，活在這世間上的意義，到底是甚麼？在飽受生命威脅的情況下，也有部分人同時因為經濟困頓、物資不足，而感到無比的迷網！在這樣的情境下，會不

斷地問「生命的意義」？「生命有意義嗎？」或發出「生命沒有意義！」的吶喊。

其實，人類一直以來都處於徬徨無助的情境之下，並且為了營生而不斷勞役。營生不易，在這個「娑婆世界」，每天為養家活口，絕大部分人都非常勞累，四處奔忙。但是，人不應該這麼忙。人，應該生活得很悠閑、自在，不必那麼辛苦、勞苦地工作，應該多些時間休閒、靜默、培養心性。但是，現代人為何如此忙碌？大家為了甚麼在忙？整個時代的巨輪不斷向前滾，讓我們沒有喘息的時間，心中有的，大部分是在不斷地積累「貪」婪。但是，因為「貪」而不得，故產生「瞋」；由「瞋」而帶來更大的「無明」。這即佛教所說的三毒。

娑婆世界，五濁惡世

我們凡夫現在所處的大環境，在佛經裏稱為苦難重重的娑婆世界，《阿彌陀經》等經論形容為「劫濁、見濁、煩惱濁、眾生濁、命濁」，不淨的「五濁惡世」。「五濁」又作五滓，指減劫（人類壽命次第減短的時代）中所起的五種滓濁。據《悲華經・卷五》以及《法苑珠林・卷九十八》等等的說法，指出五濁的情況是：

（一）劫濁，人壽減至 30 歲時饑饉災起，減至 20 歲時疾疫災起，減至 10 歲時刀兵災起，世界眾生無不被害。

（二）見濁，正法已滅，像法漸起，邪法轉生，邪見增盛，使人不修善道。

（三）煩惱濁，眾生多諸愛慾，慳貪鬥諍，諂曲虛誑，攝受邪法而惱亂心神。

（四）眾生濁，又作「有情濁」，眾生多諸弊惡，不孝敬父母尊長，不畏惡業果報，不作功德，不修慧施、齋法，不持禁戒等。

（五）命濁，又作「壽濁」，往古之世，人壽八萬歲，今時以惡業增加，人壽轉減，故壽命短促，百歲者稀。

佛教的世界觀認為一個世界的成立、持續、破壞，及至轉變為另一世界的成立、持續、破壞，它的過程可以分為「成、住、壞、空」等四個時期，稱為四劫。「住劫」，即器世間與眾生世間安穩與持續之時期。於四劫之中，只有「住劫」有增劫、減劫。

換言之，宇宙有成、住、壞、空四大劫，各大劫又由二十中劫所成。我們現在處於「住劫」，依小乘家的說法，「住劫」二十中劫的第一中劫裏，以人積集惡業之故，人壽每百年減一歲，由八萬歲減至十歲，稱為「減劫」。其後的十八中劫裏的各劫，人壽由十歲增至八萬歲，再由八萬歲減至十歲，這個時期稱為「增減劫」。第二十中劫，人壽再由十歲增至八萬歲，稱為「增劫」。

在此五濁的娑婆世界，苦難重重，不容易修持，因為時時會

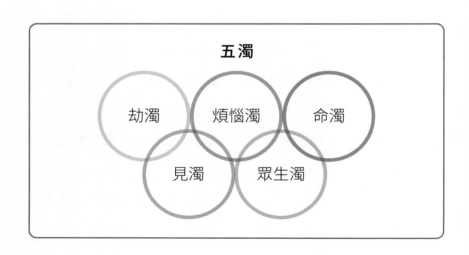

五濁

劫濁　煩惱濁　命濁　見濁　眾生濁

遇到障礙的因緣無端端的現起。不知各位對這五濁的情況，有沒有一絲絲的感受，不必全部五種都感受到，即使一種、兩種，也會令我們深感無奈，有種力不從心的感受。

經過佛經對這層道理的教導，有很多人可以體會到我們所處的世界（世間）是一個危脆不堪、有許許多多不如意，甚至是個人無法克服的難關與無奈。例如兵刀災難（戰爭）、朝不保夕、壽命短促，乃至人與人之間的爾虞我詐，慳貪鬥諍，諂曲虛誑，有許多邪法來惱亂心神，甚至包括現在所面臨的新冠肺炎也是一樣。

根據史學家的統計，中國每一個朝代至少都有幾千起以上的災難。因為我們福報太大了，不需去面對這些苦難，就如能在莊嚴的觀音講堂彼此切磋佛法，就是很大的福報。但是，在外面顛沛流離，有一餐沒一餐的眾生實在太多太多了，真可謂民不聊生！

其實，佛法已告訴我們，有些東西是不可靠的，好比金錢、財富是五家共有，世間財物是王、賊、火、水、惡子等五家所共有，以其不能獨用，故無需強求。例如《大智度論》說：「勤苦求財，五家所共：若王、若賊、若火、若水、若不愛子用，乃至藏埋亦失。」這是告訴我們不要貪執財富，而更應把自己擁有的財富分享出去，拿去布施給需要的眾生。

但是，面臨種種不可靠、不確定性的情況，人該如何自處？好比現今突然出現的疫情，該如何自處？遇到困境不而因此而喪志，因為人生的理想在不同的方向出現，人生沒有真正的絕望。大樹在秋天落葉，牠在整個冬天平靜地積蓄力量。春天一到，芳華依然。因此，學習宇宙大自然的生存智慧，我們也可以得到智

慧。如同大樹，該放下的時候放下，因為放下，才能綻放新姿。有捨才有得，因而說捨得、捨得。

只管安住本心，讓心調柔下來

我們放下心中的所有一切雜念，只管安住本心，這個時候，心中便沒有恐懼、懷疑、貪、瞋、驕傲等的雜念起伏。假若能夠更進一步，雜念離我們而去，此時便能與清淨的本心相應，能與清淨本心相應也就能與佛的淨土相應。永明延壽大師常說：「一念相應一念佛，念念相應念念佛」，即是這層道理。

當面對災難時，要把心調柔下來，因為就佛教而言，進入佛門就要做一個有修有證的佛教徒。佛教不只是讓我們求福、求長壽、求婚姻、求健康……，這些都不是佛教的核心要義，那只是人天乘。佛法雖有五乘共法，人天乘亦包含在內，但是佛教不是要讓我們來滿足願望，佛教要讓我們提升精神境界，作精神的昇華。所以在這個時候，如果進入修持的情境，應該要時時刻刻與佛的智慧跟慈悲相連，就是所謂「行佛所行」，跟佛菩薩學習。所以佛教的修行人，第一要務就是要讓心調柔下來。要想讓心調柔下來的話，各宗各派有他的方法，最簡單的還是要有必定的禪修經驗或是禪定功夫。心一定下來的時候，你的心就自然調柔下來了。

我們常常看到自己不喜歡的人、事、物，便用自己的習慣、教育、知識等慣性思維來評判外在的一切，常常在不知不覺之中陷入「順我者昌，逆我者亡」的思想中。其實，這都是心不調柔所產生的問題，不調柔的意思就是「我執」仍然很重，而且還有很強的「貪、瞋、癡」，但是我們常常在「合理化」自己的「貪、瞋、

癡」，這即是無明的一種表現。

當我們看到別人的不好，有可能是自己心中有污垢，有關這個問題，常常舉用蘇東坡跟佛印禪師的公案來說明。蘇東坡跟佛印禪師兩人對坐的時候，蘇東坡問佛印禪師，自己坐的樣子像不像一尊佛？佛印禪師回答：「是」。禪師反問他，那我坐的姿態像甚麼呢？蘇東坡心想，這次總算給我逮到機會，好好地整你一下，便說：「像一坨屎」（像一堆牛糞）。佛印禪師微微一笑，雙手合十說聲：「阿彌陀佛！」。這便是「唯心所現」或是「唯識所變」的最佳證明。因此，不管任何情況，絕對不要口出惡言，絕對不要罵人，絕對不要說別人如何如何，那都是自己心中污穢的投射。

其實在西方的心理學都有這樣的研究，一個人為甚麼會生氣？因為自己心中有生氣的種子，這恰恰就跟佛教唯識學所說「種子」的道理一樣，因為在阿賴耶識裏有這樣的種子，在緣起的情況下變現出來了。

可見，生氣是因為心中有這樣的種子，種在阿賴耶識裏面，當外在的境緣起來的時候，這個「因」跟「緣」結合在一起，產生的「果」，就爆發出來了，就生氣了，貪瞋、癡就起現行！

網絡上流行一句話：「被恨的人沒有痛苦，恨人的人卻終將遍體鱗傷。所以，絕不去恨人。」從事相上來說，我們在生別人的氣或是在恨別人時，自己是遍體鱗傷的那個人。世尊也曾說在地上抓起一把沙，逆風向人拋擲過去，最終沙還會飄回自己身上。

因此，放下二元對立的想法，將中心所有一切雜念放下。

只管安住本心，讓心調柔下來，以面對變動不居的環境，啟用般若智慧，面對困境，接受困境，解決困境，放下困境。此時，

既不會害怕世界在變，自己在變，也不會有不切實際的期待，以及不會有不切實際的恐懼。

放下妄想雜念，才能寬心自在

「將中心所有一切雜念放下」，請問怎麼「放」？我們時時妄想紛飛，妄想紛飛來自於過去世的業障，因為妄想表示內心不清淨，不清淨便會產生煩惱，煩惱即是業障，佛法說這即是煩惱障，惱亂心神，不能顯發妙明真性，因此，《觀普賢菩薩行法經》說：「一切業障海，皆從妄想生，若欲懺悔者，端坐念實相。」「妄想」就是虛妄分別。我們製造了許多名相、概念、觀念，然後去執著它。其實，這些名相、概念、觀念只是工具，便於溝通而已，過度執著，便無法見到「實相」，見到世間以及出世間的真理。

妄想者使用種種名相、概念、觀念，來顯示各種的相，認為這些「相」是實在的，實際上只是幻相，因而無法實際洞察到「實相」。例如《楞伽阿跋多羅寶經》云：「彼妄想者，施設眾名，顯示諸相，如此不異，象馬車步，男女等名，是名妄想。」這裏所舉的「象馬車步」四種軍種，這些兵眾是幻化而來的，這四種象馬車步的勇猛兵士，是我們給予的眾名而顯示出來的諸相。

另外，男生、女生等名，也是我們約定俗成的。男生、女生等等名稱，都是為了便於溝通，而給予的一個名稱，這只是概念。例如說「火」、「fire」、「ひ（火）」，來表示看到的「火」；說「水」、「water」、「みず（水）」，來表示看到的「水」。但是，我們不會因為說「火」或「水」這個字，就出現真的「火」或「水」，如果真是這樣的話，我現在說「火」字，嘴巴必會產生火；我說「水」字，

嘴巴也會流出口水，是不是這樣呢？那麼，嘴巴說「錢」字，便會跑出很多錢來？

　　事實不是這樣。這種假名而立，或是規約俗成的名稱，只是概念。但是我們都把它當作實存的物件，把它當成「實相」，其實它們只是一種方便。如果認為這是「決定不易」，不會改變的，便形成了「分別」，一旦起「分別」，就會開始陷入煩惱之中，小「分別」產生小煩惱，大「分別」產生大煩惱。因為，「分別」便會產生執着，執着是煩惱的根源。

　　我們眾生樂於在假名假相之中打滾，因而是無知者，也是無明者。我們要不是處於二元對立的緊張情境之中，常常是人我是非、對錯、真假、美醜……，不斷地論辯；要不就是冀望未來，希望未來能夠如何、如何……；要不就是追悔過去，後悔以前所做的，悔不當初……

　　做人不要太執着，應保有一份平常心。的確，保有一份平常心是件極難達到的事，平時遇到的大小事情，讓我們感到人活着是件很累很累的事，因為總被外在的種種表相迷惑，總是希望得到的愈多愈好，以至於肩上的擔子愈來愈重，連步伐都邁不開了。

　　因此，凡事能隨緣，才能自在；凡事能放下，才能寬心。

　　法喜的秘訣在於放下妄想雜念，能夠放下便能自在。思量計較苦，放下便是福。超脫榮辱毀譽，就是解脫；看淡成敗得失，就能放下。在這樣的情境下，生命意義才能夠真正提升，無論面對甚麼災難，都能夠處之泰然而不驚恐。在佛法的教導裏，在面對「緣起」的時候而不驚恐，面對萬事萬緣的現起，不必心慌意亂，只需如實觀照，如理作意，法隨法行，即可。

面對「疫」境，提升生命意義

民國時期印光大師曾就當時發生的疫情作了這番解釋：「甚矣，近世天災人禍之頻數，而人民死亡之多且慘也。豈天道之不仁哉！實吾人歷劫以及現生之惡業所感召耳。」世間的天災人禍發生頻繁，以及人民大規模死亡的悲慘事例，實是人類歷劫以及現生所造惡業而感召。我們為何會造惡業，因為有根本無明「貪、瞋、癡」。

「困境」不可怕，若不能在「困境」中學習，尋找解決辦法、增長智慧，那麼遭遇這個「困境」便是白白遭遇了，太可惜了。

由於人類自身的「貪、瞋、癡」，又使自己自大到不可限量的情境，這真是人類的悲哀。為何如此說？因為「無明」本身並不可怕，不知道自己身上的「無明」才是真正的可怕。換句話說，不知道自己內心充滿「貪、瞋、癡」三種惡毒的無明，這才是真的可怕。

依據佛法的教導，應該在「生死」裏看到「不生不死」；或是在「煩惱」中察覺「菩提」。意思是，不怕生死，也不怕「煩惱」，因為有「生死」才能在「生死」的過程裏體證「不生不死」（涅槃），所以佛法說「生死即涅槃」。沒有「生死」的話，也便不需「涅槃」，「涅槃」是依着「生死」而說，而生起體悟的覺受。「涅槃」不是一件「事情」，或是一個如同我手上拿着的米高峰，或是任何一個東西，「它」只是假名而立，表示在這樣的體悟／體證／覺受／境界當中，把「它」名為「涅槃」。

但是，要從「煩惱」趨向「涅槃」不是那麼簡單，那麼容易。各宗各派有各自的修行方法，來對治煩惱的生起。而佛法的共法即是「在緣起緣滅的當下，現觀無常」，在無常的生滅裏，漸漸證

滅無我心，即滅貪心而開展智慧。

　　以這樣的智慧來面對生存的環境到底如何？環境為何會變得如此？我們便能心中多少有些明白。明白了，便能夠知道下一步該怎麼走。

　　現今面對新冠疫情，感到無比惶恐，但是大家是否知道，在這地球上的天災人禍有多少，幾乎每天都在上演，只是我們「福報」比較大，在無常迅速的環境中仍然「安然無恙」。這是極大的福報，只是我們把它當成「理所當然」。如果只就中國來說，自然災害主要為洪澇、地震、颱風、瘟疫、旱災和蝗災，再加上大大小小的戰爭，每個朝代都有幾千次的災難。面對隨時到來的災難，如果不能以「緣起緣滅的正知正見」來面對的話，便如同修剪樹葉，一直修剪也修剪不完，因而需要斧底抽薪，直透心源，看到生命的真象，在緣起的當下提升生命的意義。

對　談　錄

問、結語：曾瀞漪　　答：陳劍鍠教授

問：教授講到宇宙是浩瀚的，人是很渺小的，浩瀚的宇宙中地球
　　只是一顆微塵，而在微塵當中的我們更是微不足道。本應微
　　不足道，可人類的痛苦是切切實實存在的。我們對生命的痛
　　苦感受是如此真切。我們每天都要為生活那麼辛苦，我們還
　　有甚麼資格談生命的意義？

答：恰恰是「在苦當中才能夠看到生命的意義。」佛法教導我們
「苦集滅道」四聖諦，佛陀闡釋四聖諦的目的，是要告訴我們
世間的因果以及出世間的因果。「四聖諦」說的是四種真理：
一者，苦聖諦；二者，集聖諦；三者，滅聖諦；四者，道聖
諦。「苦」是指世間的苦果；苦諦，諦就是我們看到苦的真
象，是真實的存在，這個「諦」就是諦理詳審，就是事情的真
相。我們的確是在苦當中，這是事實。釋迦牟尼佛告訴我們，
苦是一個真實的事情。它不但是真相，並且不是單一苦，而
是眾苦。

「集」是說明業與煩惱是苦的根源，「集」者集起苦因，如貪、
瞋、癡三毒；「滅」是說明解脫與證果，要想去除痛苦，消滅
產生痛苦的原因；「道」是說明離苦的道路、滅苦的方法，如
何破解苦集。我們想求得「道」，如同通過八正道獲得最終解
脫，八正道是指八種正確方法和途徑，是四聖諦中道諦的具
體內容，包括：正見、正思維、正語、正業、正命、正精進、
正念、正定。通過八正道的修行就能通往成佛之路。或是佛

說的三十七道品，即為追求智慧，進入涅槃境界之三十七種修行方法。用這樣的方法去滅掉我們的苦。

「諦」就是如是不顛倒，即是真理。「聖諦」是聖人所知之絕對正確的真理，是真實不虛的。所以當我們看到苦的時候，那就是一個緣起，在緣起的當下，我們才可以產生智慧，因為沒有生死就沒有涅槃，生死即涅槃。

當我們都已經這麼苦了，還有資格去談放下嗎？去談生命的意義嗎？恰恰剛好因為苦才需要談生命的意義；也恰恰在苦的當下才可以提升我們生命的意義。

善緣與惡緣

問：剛剛教授說人世間每一件事的成功，不只是取決於人付出多少努力，還要講求因緣果報。就是說，好多事情不是你個人能夠決定的，包括你過去做了些甚麼事情，跟甚麼人交往，都取決於當下，會成就你成為甚麼樣的人，造就甚麼樣的果。所以我們常說廣結善緣。請問如何知道這個緣是善緣而不是惡緣？

答：我們常說要去廣結善緣，不要去結惡緣。有時候會不小心地結惡緣，因此你的事情就會很不順遂，或是你的人生就會走得很坎坷。我常跟學生說，你要成功的話，應該要先去結緣，不管是在世間法的層面上，或是已在行菩薩道，走在成佛之道上。佛法告訴我們，一定先要結緣，沒有緣的話，便沒有辦法度眾生，因為跟他無緣。

我們先不談度眾生這麼嚴肅的問題，可以先講個人成就這部

分。我常說人的成功，都不是自己做出來的，「謀事在人，成事在天。」能夠成功的話都是別人幫我們做的。試想一下別人為甚麼幫助我們？因為我們跟他結了緣，不只是現在，可能是過去所結的緣。當然我們更需做的是，去幫助別人，這樣才能廣結善緣，因善緣而成為助緣。我們之所以有問題，就是我們自己解決不了，所以肯定要別人來幫忙。別人解決不了的問題，或者剛好我們可以幫他解決。

大家都是在共存共榮、互補互助的情況之下而成就的。所以應該有這樣的認知，我們不是自己有多厲害，就努力而言，可能大家都很努力、很實幹，但是如果沒有那個助緣，你就卡關，所以一定要先廣結善緣，不能夠結惡緣。所有事情的成就，都是在別人幫助我們的情況下做成的。

所以要感恩眾生，佛法有一句叫做「眾生恩」，除了感謝「父母恩」之外，「國王恩」等於政治的安定、民富國強等，這樣我們才能夠安定，還要感謝「眾生恩」。因為我們所有的一切，都來自於彼此互相互助，所以要結善緣，不能夠結惡緣。

問：我們知道善緣很重要，也知道要避開惡緣。但是緣分從來不是你選擇了它，它就是好的。當惡緣來的時候，或者，當我們和這個緣分碰在一起的時候，我們心裏會感受到有一種向上或向下的力量，向上的力量就是互助的善緣；如果向下拉扯，那可能是一個惡緣。這個時候我們如何讓這個緣，不成為讓自己拉扯向下的力量，如何做到止而不下，而是向上或者是止而停呢？

答：這是二元對立的想法了，向上就是善緣，向下就是惡緣，也

不見得是這樣子的。我們可能覺得好像向下是惡緣，因為對我們來講現在是苦楚，是困難，是挫折，但是怎麼不認為這個是未來成佛的一個「因」呢？我們常常會因為目前的處境是這樣或那樣，而陷入一個誤區，好像當面臨困頓的時候就是惡緣，當面對好事的話就是善緣，其實，真相不見得是這樣的。沒有善惡、沒有對錯、沒有好壞，就只是因緣，就是那麼一件事情，就是「無常觀」，就是緣起緣滅的正知正見。如果我們可以保持這樣的心態，不管現在是新冠疫情，還是香港經濟又蓬勃發展，同樣都是一件件事情，這個在佛法裏面叫做「法法平等」，它其實就是一個緣起緣滅的過程，也能說是「法住法位，法界法性，皆悉常住」。

問：能不能這麼說，對您來講善緣、惡緣是二分法，但是對於緣來說，如果會產生心裏的糾結，產生生命的困頓，我們直面它，還是利用緣分來幫助這個緣的化解，可以這麼說嗎？

答：心靈的困頓絕對是心靈的問題，不是外在的問題。佛法是心法，但是我們常常往外面去找答案，因此在挖洞補洞，勉強講表面上找到答案，但是其實這個答案還是不究竟，還是一樣受苦。

人間佛教的意義

問：教授在過去 10 年深入研究人間佛教、人間淨土，為甚麼在過去 10 年，你會從經典的研究轉到這方面，您的緣起是甚麼？是不是對這個社會有很大的感觸？

答：佛教就是佛教，沒有甚麼人間佛教、山林佛教。所謂的人間

佛教，最主要的是希望佛教能夠比較重視人間事，因為我們現在是處於人道。星雲大師說：「佛陀出生在人間，修行在人間，成道在人間，度生在人間。佛陀，道道地地的是人間佛陀；佛教，道道地地的是人間佛教。」禪宗六祖惠能大師說：「佛法在世間，不離世間覺；離世求菩提，猶如覓兔角。」這說明了佛法除人間以外，別無菩提可求。太虛大師說：「仰止唯佛陀，完成在人格；人成即佛成，是名真現實。」這說明學佛「要從人乘行果完成大乘佛道」，所以佛教要往這個角度去多多關注。

過去的佛法講得太多鬼鬼神神、神神叨叨的東西，跟我們人生的生活提升，乃至精神境界的提升恐怕幫助不大，讓人陷入誤區，走向了迷途。當然我們不是說因為是人間佛教就不管其他五道的眾生，六道的眾生都要救。我們現在站在人道，要多講人道的東西，而不是處在人道，卻常去講鬼鬼神神的東西。鬼鬼、神神自有鬼鬼、神神的佛法，在它們那裏談就好了。

人間佛教，最主要是指我們站在人道，而去行菩薩道，我們不是只要人間佛教，只講人天乘，我們是要行菩薩道，而趨向成佛之道。近來有許多人誤解人間佛教好像只講人的事情，只關注人天乘，不是的。我們站在人的立場上，要行菩薩道，發菩提心，走向成佛之道，這才是所謂的「人間佛教」。

另外，我早期究淨土法門是比較傳統的一種學術研究，比如說古代的淨土思想怎樣傳衍古代的祖師大德怎麼提出淨土法門的修持見解，以及古代淨土法門的宗派屬性跟其他宗派、

學派的關係問題等。但是，我現在必須要承認，在我們的學術圈子裏，有些人覺得愈古愈老才是學問，現在的、當代的就不怎麼樣，好像從事這樣的研究不是甚麼學問。以前我都有這樣的誤區，不屑去做甚麼「人間佛教」，但是後來接觸了人間佛教 10 年，發現這樣的想法是錯的。現在的當代佛教，在未來我們後代子孫來看，也會成為古代的佛教，不是嗎？現在回過頭去看唐代，當時的大德在長安城，在弘法、度眾、利生的過程當中，在他們當時的「此時、此地、此人」不也是當代嗎？以此類推，答案就很清楚，不需要有所謂「貴古賤今」的想法。最主要還是要回歸到佛法所講的「法法平等」，如果你覺得自己的因緣具足，真的有興趣，或者覺得這個研究做得下去，完成後對於人類社會有貢獻的話，就可以大膽地走下去。我覺得應該用這種比較寬敞的心態去面對。

問：法法平等，與時俱進，人間佛教是您這 10 年來研究的重點，當中發現這個社會有些甚麼樣的變化？如何去治理這些問題？

答：如果從佛教的立場、佛教的思維去看待的話，我們可以做的事情其實很多。包括佛教應該怎樣去弘法利生？有沒有一些善巧方便的施設，去接引年輕人進來。年輕人很重要，新生代的栽培及養成，維繫着佛教未來的存亡關鍵。現在的佛教信徒組成成員，大體上年紀都比較大。因為大家好像想到佛教，就跟死有關係，我要死了，就來念阿彌陀佛，到極樂世界去，這是其中之一。同時老年人的心智漸趨成熟，對於世間的名聞利養漸漸看得開，不再執迷，因而願意進入佛門來

修持。這羣老年人大抵是以拜懺、參加法會來作為他們修持的依據，拜懺、參加法會只是佛法修持的「其一」，不是「唯一」，可是有許許多多的佛教徒認為這樣做才是修行，其他都不是。可見，佛法講求八萬四千法門是非常重要的，應對年輕人時應怎麼施設？怎樣開出善巧方便，讓他們進入佛門裏，讓佛法的智慧幫助他們的人生，我想這是我們要去思考的，需有般若智慧才能好好地開展出善巧適當的方便法。

問：這 10 年來年輕人興起吃素的風潮，有人說是因為他們的宗教信仰，但現在更多年輕人是因為環保的關係。對於吃素這個堅持，它是潮流，也可能形成一種社會的壓力，您怎麼看？

答：在佛法裏，吃素最主要作用就是「長養慈悲心」，這是從宗教信仰的立場來看。當然現在很多人吃素是為了健康，吃健康素，西方也有很多這樣的觀念。如形成一個潮流，這個風潮是好事的話也無妨，無可厚非，既然是好事，跟着潮流走也沒關係。但是當事人要知道自己在做甚麼比較好，不要凡事跟着潮流走，要有辨別能力。

吃素是我們中國佛教很重要的一環，包括從梁武帝開始提倡吃素；從《梵網經》裏面講的一些教義、教導等，使得我們中國佛教非常強調吃素、不殺生。但是這樣的情況，如果你真的做不來的話，也不要勉強，要慢慢地去修煉。比如說先在初一十五嘗試吃素，每天早餐吃素，然後接着再嘗試十齋日等等，慢慢加長時間，讓自己去感覺吃素的好處。

我們都知道吃素肯定有很多好處，但從營養的角度看，有人

說吃素好像會缺少甚麼養分、維他命，例如沒有辦法補充維他命 B12 等等。這是可以多吃些海帶、海藻等來補充，吃素需要注重均衡，吃素也能吃出健康。另外，我覺得一切「唯心所現，唯識所變」，一切都是「心」在起作用。今天如果「心」是健康的話，即使吃素，營養也會足夠，不會生出甚麼疾病。我覺得心的能量很強，心是可以帶動一切的。

放生與慈悲心

問：這 10 年來還有一個潮流，就是「放生」。很多人為了慈悲放生，可是當放生變成一種潮流，很多人跟着去做，不知道有沒有思考過，放生之後，那些在市場上買來的動物最後可能還是會死掉。你怎麼看「放生」和慈悲心這個問題？

答：放生也是培養慈悲心，但是現在一些放生的團體乃至信徒，是為了求長壽消災而放生，這樣的目的和意義其實無可厚非，是在人天乘利益的一個層次裏面，但這不是佛法的最終究竟。

在古代放生，比如說智顗大師，他提倡戒殺護生，並且邀請佛教徒一起捐獻，購買浙江省臨海一帶的窪地，總共有 60 多處，加起來差不多有 400 多里，開鑿「放生池」，並上奏朝廷，立碑銘記，得到政府支持。他不是亂放生的，而是有一定場所、地點供信眾來放生。不像現在的情況是到處亂放，產生環保等諸多問題，例如破壞生態環境。把不應該放的生類放到不同地區，改變了生態，放生最後變成「放死」。因為動物都被關在籠子裏，在密閉的袋子裏，或是互擠在水缸

裏，已經奄奄一息，放生的時候動物飛到叢林或大海裏，要自我活命，或是逃離其他生類對牠們的攻擊，恐怕已經沒有多少力氣了。甚至有些人把海生動物放到淡水裏去等等，這些不一而足的做法，實在對於放生這件事，沒有達到般若智慧的善巧救度。現在一些比較開明的法師，希望大家能夠適可而止，能夠有智慧地去做這件事情。

放生現已形成一條產業鏈了，這個問題很大。聽說有一些助念團也產生類似的產業鏈，那都不符合佛法的教理教義，變質了。本來是要培養悲心，反而做了錯誤的事情。我想應該要有智慧，理智地處理和看待這件事情。

比如說現在你正在雨中的中大校園，走路的時候看到一個螞蟻窩，大雨快要讓蟻窩淹水了，你拿一根棒子築一道橋，待會雨來淹到蟻窩，牠們就可以爬過去，這就是放生，也是隨緣、隨分、隨力地幫助眾生。相比之下，一定要去菜市場買些活物，然後再去大海放嗎？有時候要有般若智慧去看待事物，思考怎樣才能夠開展出善巧方便，為眾生出一切法門，有效地協助他們。

我再強調一下，智顗大師的「放生池」是有一定的規範，並且得到國家的批准。明代的蓮池大師也有「放生池」，設立在上方、長壽兩處，朝廷還以「戒殺放生文」通告天下。他們不是亂放生的，是以慈濟眾生的悲心來做這件事，不像現今因放生而產生亂象。

另外，我常跟學生說，要放生，先要放自己，要放生自己，要自己先解脫，不是放你心外的生，自己也是眾生之一，放

生是要隨緣度眾的，不要刻意去做。

佛教徒的生命意義

問：佛教、道教、孔教各自有他們的生命觀，您認為佛教徒生命
　　最大的意義是甚麼？

答：行菩薩道，為眾生服務，這是佛教徒的最大意義。發菩提心，
　　走向成佛之道。如果是一個真正的佛教徒，這是唯一的選
　　擇，也是唯一必須要走的，要不然幹嘛要進佛門呢！
　　我們常常把佛教弄到最後變成類似民間信仰一樣，到佛堂裏
　　是求婚姻、求錢財、求福報等。不是不能求，因為人生太苦，
　　先要滿足自己的欲望。但是這些不是我們真正需要的，不是
　　我們的終極究竟關懷。佛法說所謂的終極關懷是要了脫生
　　死，走在菩提道上，而所謂的發菩提心，佛法講的是「上求
　　佛道，下化眾生」，就是這兩件事情。在菩提道的過程當中，
　　去成熟眾生，去莊嚴你的國土，這才是佛教徒的生命中真實
　　的意義吧！

是非、對錯、因緣、因果

觀眾：「眾生眼中只有對錯，而佛陀的眼中只有因緣」。我覺得我
　　　們眾生認為對錯的觀念是很重要的，因為這是我們的價值
　　　觀。我們教育小朋友，都用價值觀評斷對錯。我想問，眾
　　　生眼中只有對錯，是不是一個負面的形容詞呢？怎麼解釋
　　　「擇善固執」？應該怎樣去理解這詞語？

答：你的問題很好，很厲害。我們本來就應該有是非，紅燈亮了

你不可以闖，綠燈亮了你才可以走，這便是「是非」。人類社會所建構出來的是非價值判斷，是為了讓我們的生活變得更加有序，因而，在現在的環境裏一定要有是非，可是，我們一般佛教徒因為「隨緣」這個觀念，而誤解了不要去談「是非」。其實，世間上對就是對，錯就是錯，佛教不是在這位置上談「隨緣」，那是不對的。「隨緣」是要在因上努力，而在果上隨緣，不是說甚麼都不做，甚麼都無所謂，甚麼都沒要緊。

佛教徒不是沒有是非，恰恰佛教徒非常講求是非，所以我們常常說對就是對，錯就是錯，那就是佛教徒的因果觀念。我們說凡夫看到的是對錯，菩薩看到的只有因果。佛教徒要有是非，但是不陷入是非。這個人對就是對，錯就是錯，但是你從菩薩的心腸去面對他的話，你是不會苛責這個眾生的，你明明知道他是錯的，你不會苛責他，你會深深體會到他有無可奈何的苦衷，這個時候以這個心態面對，便是「不陷入是非」。這是第二個層次，我們還要進入第三個層次，叫做「無是無非」，那就是空性而言，無善無惡心之體，亦有亦無、非有亦非無，亦非非有，亦非非無。可見，佛教徒並不是沒有是非、對錯，而是站在更高的層次來對待。

佛教徒對是非分得很清楚，只是不說破而已。廣東話有一句話：「天下間沒有傻子」，大家對於某事或某人所做的事都很明白，只是不說穿而已。大家的心裏怎會沒有是非，某個人做了甚麼事情，我們很清楚，只是不說破。那是為了不去苛責眾生，因為眾生有他的因緣在，有時候犯錯，他也無可奈

何，身不由己。有時候佛教徒都會犯錯，自己都做不到的事情，怎麼忍心去苛責眾生呢？所以，佛教徒不是沒有是非，我們很清楚是非，而是在是非的過程當中，跳脫出來，而不陷入是非。

當我們陷入的時候，「是非」便成了二元對立。今天你覺得他是對的，是在這樣的時空背景下判定，下一秒他不見得是對的。佛教徒看因緣，緣起緣滅，隨時空的轉換而看到「無常」。菩薩是如此這般地看「因果」，但是眾生只是在事相上看「對錯」，因此眾生很苦，陷入二元對立的執着當中，生起煩惱。然而，菩薩在緣起緣滅的當下，在度眾的過程裏只觀「因緣」變化，不會產生愛見悲，因而永不疲累。

我們發菩提心，如果沒有「緣起緣滅」的無常觀，所發的只是一種善心而已，因為沒有空性的知見，所以容易疲累。有時候對別人好，持續不了多久，一下子就累了，感到辛苦，並且常常自問為甚麼要做那麼多呢？但是，菩薩眼裏或是心裏是不會有這種想法，他是看「緣起」做事的，不會有愛見悲，他面對「緣起」而不驚恐。否則，「愛處生愛，瞋處生瞋，雖起慈悲，愛見悲耳。」

提到「擇善固執」。佛法所教導以及佛教徒的表現應該說是最能擇善，最為固執。我們常常被人家罵，你這個人怎麼這麼「固執」，但是擇善又有何妨呢？其實「擇善固執」是好話。擇善固執出自《禮記・中庸》：「誠之者，擇善而固執之」，而且配合「誠者」而言，則能「不勉而中，不思而得，從容中道。」當我們擇善固執的時候，做事就能夠從容不迫，時時

處處都能符合中道，這很重要，重點在於「從容」，讓我們能夠優雅地面對一切周遭事務。依此推之，疫情一來，我們可以從容不迫地應對。當然，坦白講這不是一般的境界、一般的功夫，必須經過修煉。例如這次面對疫情，坦白講對於許多貧苦大眾來講，是不容易超克的。

試問，我們在日常生活中會不會有許多難處？會不會有災難？會不會遇到家人出車禍而面臨措手不及的困頓？會不會有家人得重病，或得癌症？我們都知道，家家有本難念的經，但是我們有沒有辦法穩住，去面對所發生的事情，關鍵點就在這裏。我們是否能夠隨時隨處以「緣起緣滅」的無常觀來對治，如果能夠如此，才能有效地斷除煩惱。當然，助緣的協助是非常重要的，要去營造有利的助營，來協助自己超克這些困難。助緣從何而來，回到前面所說的，要先去廣結善緣。

結語：努力因，隨緣果，擇善固執之！教授特別講到一個觀點，人世間一切事情的成功，不是因為個人努力就能夠成就的，而是來自於因緣果報。而因緣果報當中，尤其重要的是廣結善緣，廣結善緣不只是利己而已，是要利別人，也就是說廣為利他。作為佛教徒，更是世世常行菩薩道，或者是每一件事情、每一生、每一世，常行菩薩道精神。

（陳劍鍠教授　香港中文大學人間佛教研究中心主任）

「講座視頻連結」

駱慧瑛

如何在「疫」境中增強身心靈環保意識

2020 年，全球人類同時面對的大題目：「疫」境（新冠肺炎／新冠病毒），牽連甚廣，出現個別情緒困擾、地區醫療服務、社會經濟、國家安全、國際政治氣氛等大小切身的問題。在我們身處的香港，社會近年飽經動亂，又逢新冠肺炎，來勢兇猛，肆虐全球。儒、釋、道三教以傳統文化傳遞正面信息，喚起大家對人類命運的反思，學習觀音菩薩，用慈悲和智慧引導我們在「疫」境中自強，同時關懷眾生，積極傳播正能量。「第六屆觀音文化節」在 2020 年舉辦，尤顯得意義殊勝及影響深遠。

如果我們懂得轉化，「疫」境同時可以理解為「逆增上緣」。《禮記‧大學》以「修身、齊家、治國、平天下」指明個人成長、人際關係、社會繁榮穩定和世界平和的方略，引導莘莘學子成就崇高德性的人格。星雲大師提倡「自我和悅，家庭和順，人我和

靜，社會和諧，世界和平」的「五和」理念。同樣建議一個讓個人和社會，以及世界有效地正面互動發展的方向。

在「修身」之前要先「修心」，《法句經》記：「諸法意先導，意主意造作。若以染污意，或語或行業，是則苦隨彼，如輪隨獸足。諸法意先導，意主意造作。若以清淨意，或語或行業，是則樂隨彼，如影不離形。」[1] 身心有着微妙的互動關係，我們想要身體健康，保持正念是重要關鍵。《法句經》記：「若能悟意念，知解一心樂。」[2] 心念是眾多諸（名）法的前導者，心是主，諸（名）法唯心造。若人以清淨之心言行，快樂將跟隨着他，如影隨形。[3] 所以「八正道」（正見解、正思惟、正語言、正行為、正生活、正精進、正意念、正禪定）中以正見為首，正確的見解，影響其他語言及行為。

清淨：風中的燭動

在疫境中，如何身心健康？有關身體健康，社會上的醫生、營養師、護理人員等都有提示，早睡早起、飲食均衡、做運動等。

心態的健康則較細微，而且不是肉眼可見。因近期反覆的疫情，各宗教也幫助因疫症帶來的情緒影響，在網上宣傳正面信息。有心理學學者建議遠足、行山、深呼吸，把內心的事情扔出去。這也是其中的方法。

佛教的「無有定法」，[4] 意思是沒有一定的方法去解決所有問題。所以有八萬四千法門，所以觀音菩薩有三十三個應化身。[5] 對治不同人的根器和需要，可運用不同的方法。有些人需要更廣的認知，更深層次的知性體會。以下提供幾個方案供大家參考。保持正念是重要關鍵，譬如一支小蠟燭，四面八方襲來的巨風中如何保障自己渺小的存在？保護自己，要有屏風，即持戒，持戒為六度四攝法之一。[6] 六度四攝是菩薩修行的法門，其中六度是自利兼利他，四攝則以利他為主。透過戒和定來保持正念。守護自己的心念，保持清淨。[7]

知止：靜慮與安定

戒是行為規範，有防非止惡的功用，不侵犯並且尊重別人，互相保障，是佛教戒律的根本精神。戒律不可怕，戒律能砍斷貪、瞋、癡煩惱三毒；修習禪定可以從打坐入手，培養定力，將禪定功夫落實在生活上，觀照自己習氣的生滅；繼而培養般若智慧，才是真正的趨吉避凶。每個人都有潛在的佛性，本來已具足智慧和慈悲，我們透過戒、定、慧的心靈修行。本來的佛性可以重現，再顯洗滌後的光芒。

佛教的戒、定、慧三學，與儒家的「知止」，有異曲同工之妙。《大學》：「大學之道，在明明德，在親民，在止於至善。知止而後

有定，定而後能靜，靜而後能安，安而後能慮，慮而後能得。物有本末，事有終始，知所先後，則近道矣。」[8]「知止」是有定向的，令妄念不萌，不為外境所搖，以泰然的心情，客觀理性地面對及處理事情，不急不躁，不煩不惱。在紛擾的塵世之中，存一顆安定之心，知止知足而樂。能忍能定而心安。

環保：心淨國土淨

《維摩經・佛國品》：「若菩薩欲得淨土，當淨其心；隨其心淨，則佛土淨。」[9] 我們的心如工廠，工廠設備好，運作自然正常，產品優良。設備不好，不但產品劣質，連帶破壞空氣、水源，造成環境污染。繼而影響人際關係、社會經濟、國家發展。[10] 因此，提倡環保，應先從心做起，心內心外的環保。環保要從自己做起，從個人內心的淨化，進而言語和行為的淨化。繼而帶動國家社會，乃至全球的淨化。

在經濟學上的「開源節流」，不一定只限於金錢或物資。人心的「貪、瞋、癡」，才是造成生態污染的根源。故此，「開源」可以是開發人類潛在的佛性資源，開發自己內在慚愧心、感恩心和慈悲心等；「節流」則是節制自己的貪欲瞋心。所以，重視環保，愛護地球，必須從心開始。

般若：度一切苦厄

佛陀初轉法輪，說的第一法，四聖諦：「苦、集、滅、道」。我們需摒除感受，理性如實認清真相。[11] 身邊一些朋友對「新冠肺炎／新冠病毒」有兩極反應，一是覺得世界末日，這一年來都不

出門，不覺患上焦慮和憂鬱。甚麼會取人命？不僅是病毒，更是恐懼。觀音菩薩會聆聽那些恐懼，不單慈悲安撫，還有智度。

《心經》：「觀自在菩薩。行深般若波羅蜜多時。照見五蘊皆空。[12] 度一切苦厄。」觀音菩薩修行甚深至十地菩薩，透過運用般若波羅蜜，了明五蘊皆空，一切皆空性，解決了一切苦惱。我們都可以學習觀音菩薩，透過運用般若波羅蜜，了明五蘊皆空，解決一切苦惱。外界的苦難，是眾緣而合，不是個人力量可以改變，心中的苦惱，我們轉念便可。天堂與地獄在哪裏？在一念之間。

如實觀的結果是知道五蘊皆空，一切都是無常，都是緣聚則生，緣散則滅。山河大地亦然，人亦然，病毒亦然。苦或樂受，是心靈加諸於上，是佛陀所說的第二支箭。第一支箭是生老病死，我們出生於娑婆世界時便已中的箭。第二支箭是我們對生老病死的看法、態度與處理手法。

佛陀曾教導我們應以甚麼心態來面對病苦。在《雜阿含經》第 470 經裏，佛陀開示說：「一般人及有修有證的聖者都會面對三種受——苦、樂及不苦不樂。他們各以不同心態，面對這三種受。」[13]

一般人若遇上生理上的痛苦，甚至即將被奪走性命，心裏不由自主會生起憂愁、悲傷或埋怨，繼而憤怒、失去理性，這是被「瞋」煩惱所牽絆而不覺；當碰上快樂的事情，縱欲享樂，則被「貪」煩惱所牽制而不自知；即使在不苦不樂的狀態時，也模糊不清，被「癡」牽絆而不醒。無論是遭遇痛苦、快樂或不苦不樂，首當其衝受到牽制的是我們的「身」以及「心」。

身受及心受是互動的，如一人中了一支毒箭，在同一部位馬

上又被射中第二支毒箭，必定是苦上加苦，痛上加痛。[14] 對聖者來說，當苦受生起，只讓痛苦的感覺停留在身受，不會讓心也染着，不會讓自己成為「瞋恨」的奴隸；如是，當樂受生起時，也不會與「貪婪」共舞；不苦不樂受生起時，心不會被「愚癡」牽着走。聖者解脫了貪、瞋、癡煩惱的束縛，他們不會讓自己再中第二支毒箭。

經文中佛陀指導我們可以學習聖者，無論遇到快樂、痛苦，或不苦不樂事，只要身受而不心受。我們一出生便逃不過第一支箭，都必須面對生、老、病死。尤其這個身體，隨着年齡增長而變化，因緣的轉變，好的壞的我們都必須坦然面對和接受。

佛陀教導我們要恆常保持一顆平常心，訓練自己的心不隨境轉，被外界的變化而牽起情緒上的波動，免被自己發的第二支箭射中而苦上加苦。人生的路上總有高低起落，月圓月缺，悲歡離合，我等凡夫，雖然難以與聖者境界同日而言，然而，生於娑婆的好處是提供了很多練習的機會。我們的人生有高低起落，有種種無常變化，這些都是試煉，訓練自己的心要強壯，免中第二支箭。

慈悲：身心皆自在

在這嚴峻的「疫」境下，全球染疾例數達 6,000 萬以上，3,800 萬以上人士康復，140 萬以上人士死亡。香港的情況相對比歐美好，但我們也不能鬆懈。剛提及在「疫境」下的人有兩端反應，有些很謹慎、害怕，足不出戶。另一極端是，無懼疫症蔓延，認為只是傳媒渲染，依舊「馬照跑，舞照跳」，放任自己。這樣做是另一種偏執，可能危害自身及他人的身體健康。

看來馬可以照跑，舞暫時不能照跳了。佛陀說中道不落二

邊，我們可以學習不過分悲觀，或過分樂觀，如實觀照，世界現象本來如是：人有「生、老、病、死」；氣候有「春、夏、秋、冬」；心念有「生、住、異、滅」；事情有「成、住、壞、空」的循環。

如果你我不是醫護界的研究人員，不會研發疫苗，利益全球；如果你我不是醫護人員，沒有資格專業地照顧病人；如果你我不是大善長者，沒有資源派飯派口罩，沒關係，我們最少可以好好照顧自己及家人朋友，做足保護設施、減少聚集、保持社交距離、戴口罩及常洗手等。

若自己，或親朋戚友，認識不認識的人不幸患上疾病，我們應向觀音菩薩學習，仿效菩薩實踐「無緣大慈，同體大悲」的精神，平等對待不幸患病的人，不起歧視、偏見、瞋癡，並且施予仁愛、慈悲和同理的關懷。因果是成正比的，信佛與否，都信因果。因這是自然界的定律，如此，我們怎會忍心惡口對他人？他朝君體也相同呀！如能做到有清淨、知止、平等和仁愛，和諧和喜悅也隨之而來。

「慈悲」是佛法的根本精神。[15]「慈」予他人快樂；「悲」為他人拔苦。慈悲是對所有生命體待以「同體大悲，無緣大慈」[16]，如能設身處地，為所有沒有關係或立場不同的人着想，慈悲的能力自然油然生起。慈悲超越血緣、性別、年齡、身分、種族等的界限。行事缺乏慈悲，便落入魔業。慈悲就是佛菩薩的本懷。

「平等」是一種合乎理性、必然性、普遍性、永恆性的真理。「百川入海，同一鹹味」、「佛是已覺悟的眾生，眾生是未覺悟的佛」的理念，體現了佛教在階級上的平等精神。那是一種不分彼此，互相尊重的高尚情操。

《法句經》記:「諸法意先導,意主意造作。若以染污意,或語或行業,是則苦隨彼,如輪隨獸足。諸法意先導,意主意造作。若以清淨意,或語或行業,是則樂隨彼,如影不離形。」以上句語如何引申成疫境自強方法?從意識開始做起,用戒定和守護善念,保持身、口、意的清淨。

　　如何在「疫」境中增強身心靈環保意識?環保意識,即歸零,不曾被污染前的本質,本具足的佛性、慈悲和智慧。存平常心,八風(世有八法,為世間之所愛憎,能煽動人心。故名八風:一利、二衰、三毀、四譽、五稱、六譏、七苦、八樂)也吹不動。面對「疫」境,不被外境所動,小心但不生恐懼,轉識成智,具有抵禦無常的能力。更要積極常行三好:「做好事、說好話、存好心。」透過身、口、意,主動福慧雙修,悲智雙運,善緣好運也會順隨因果效應而來。

　　所謂「佛說一切法,為治一切心;若無一切心,何用一切法?」在這娑婆世界裏,來一趟匆匆幾十年如一日,但願大家早日明白國與國之間是同體共生的,所以要早日實踐互惠互利。人

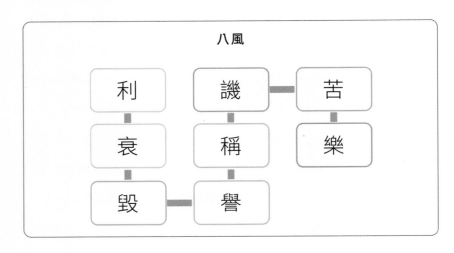

八風

利	譏	苦
衰	稱	樂
毀	譽	

與人之間是可以和而不同的，所以要互相尊重；人與大自然之間
是天人互益的，所以要愛護環境，只要身心淨化，環境也自然淨
化，回復清淨光明的日子，應不遠矣。

對　談　錄

問、結語：曾瀞漪　答：駱慧瑛博士

苦難是修正自己的好機會

問：全球最大的三大經濟體，現在最大的共識是關於應對氣候變
　　化的問題。氣候、環保，到底能不能達到大家所定的目標？
　　其實方法很簡單，就是減排和減碳，這是一個評判的標準和
　　目標。請教駱博士，如何判斷我們的身心靈是「環保」的？
　　該用甚麼方法來判斷？有甚麼依據？

答：這是非常好的問題，「身體、心理和靈性是『環保』的」是個
　　比較抽象的概念，我們沒有機器幫我們掃瞄、測試是不是環
　　保的，是不是健康的。在醫院可以掃瞄身體，但能知道我們
　　的腦袋裏是不是環保嗎？其實是看到的，因為它有形象，你
　　的「果」會顯現出來。例如你有沒有笑容？眼神是不是慈悲？
　　生活健康嗎？腦袋裏的意念是否清淨？是喜悅嗎？是善良
　　嗎？自己檢討一下，檢查一下，便知道你是不是環保。

　　如果你有一個和諧的家庭，你心靈上的貪瞋癡比較少，戒定慧

比較多，你便身心靈環保。你的話和行為是給人信心、歡喜、希望和方便嗎？還是都是髒的，都是罵人的，甚至害人的？造了惡果，然後又說運氣不好，其實好或是壞的運氣都是自招的，因為箇中有因果效應。我們要檢查自己的身體、心理和靈性環保嗎？健康嗎？這些都是從因地開始，反映出來的「果」。佛菩薩有「三十二相，八十種好」，他那個是「果」，他是怎樣得到的？是修來的，歷生歷世修練而來，從苦難中修練而來。那不單只是一輩子的事情。我們現在做的也一樣，如去年的身體、心理和靈性的環保功課已經交出來了，你身體好不好？有沒有笑容？事業好不好？有沒有朋友？其實這些都是我們的成績表，都已經現出來了，只是我們平常有沒有檢查自己，還是以為其他人比較好運，比自己成功。其實沒有好運這一回事，都是因果的關係，因果的效應。

問：身、心、靈的環保也許可以從「有形」和「無形」這兩個方面來看，比如剛剛駱博士談到的「有形」，我看到你，你的身體健不健康，其實很容易看得出來。比如中醫說的臉色，你

的臉色好不好，你的氣血循環、身體健康狀況，外表就可以看得出來。另外，別人喜不喜歡跟你接近，這也是你給別人的感覺，如果你是一個健康環保的人，別人就願意多跟你接近，多跟你親近。從「無形」來說，你站出來之後，會有一個場，這個場究竟是正能量場，或者是負能量場，這也算是一種看不見的環保表現吧？

答：「果」不是偶然出現的，我們看到的都是人家的「果」，別人下苦功的時候都沒有人看到，背後都是要做功課的。所以心靈、身體的環保互動，我們不要只看到表面便很羨慕。佛菩薩的萬般莊嚴，其實都是累生累世，在萬般苦難中下了萬般功夫修來的。在《本生經》內記載佛陀說他經歷過很多苦難，苦難不一定是壞事，苦難就是機會，讓我們修正自己，去修布施、持戒、忍辱、精進、禪定、般若的六度波羅蜜智慧，以及布施、愛語、利行、同事的四攝法。[17]

結緣與結怨，都在一張嘴

問：要在環保意識上提升，就是從身、口、意這三個方面着手。比如說身體健康，我們堅持就能做得到，但意念呢？我們心情不好的時候可以去念經、去持咒等等。我個人覺得「口」是最難的，有時候話會衝口而出，傷別人又傷自己，最後修行就破功了。如果要提升我們的心靈環保意識，身、口、意，您認為哪一方面最難做到？

答：我們一張嘴可以結很多緣，也可以結很多怨，結緣跟結怨都是一張嘴。一張嘴如一把刀，利弊不是二元對立，而是一體

兩面的，關鍵在於怎樣使用這把刀。可以切菜，做出一餐美食讓大家溫飽，或是用來傷害別人。我身邊有幾位朋友很會講話，很多時候卻說得太過而傷害了別人，因為他們沒有經過學習慈悲和智慧的訓練，優點便成了缺點。學佛的人，知道因果。知道「愛語」、「同事」，知道要給人信心、希望，知道要說好話、做好事、存好心。有些人卻不知道。他們說話沒有界限，那便變得危險了，就如手上有利刀卻不會使用。口才好的人很快把話說出口，話出了卻收不回。所以嘴巴利的人，更要特別小心。

說一句好話，別人會記着幾十年，所以說好話很重要。同樣，說一句惡話罵別人，別人也會記着幾十年，弄不好下一輩子還會記得，待機會復仇。當然，說好話的同時也要說真話，不然就打妄語了。

問：說好話的重要就是讓別人覺得這個環境會比較舒適，話聽起來不刺耳。當我們的身、口、意都做到一個環保的狀態，也算是對社會作貢獻，幫助社會更加環保、清靜。我覺得在現今社會，我們真想做好人，真想說好話，但確實很難，因為我們會看到很多不好的事情。手機有很多視頻、評論，比如像我們從事電視行業，很少跟觀眾接觸，他們看到我們的表現會在網上評價，說好話、好評的時候，當然會很開心，但給你不好的評論時，心裏會七上八下。在修行過程中，當您遇到別人對您說不好的事情、不好的話，您會怎麼面對？

答：我們都希望一生風調雨順，善緣好運，那就太好了。我想大部分善男子善女人都是這樣過生活，但是世事無常，有時候會

遇到一些質素沒那麼好的人，那也很正常。像佛陀如此具足福德智慧的人，在世時也曾遇到外道前來誹謗。他怎麼做？佛陀教我們怎麼做？人家送禮物來，你不收就退回去，不用罵他，不用想辦法去害他，更不用想報仇，甚麼都不用，我們只要不接收外來的加害就好了。這聽起來很簡單，其實不然。假設你口才很好，卻不許你動嘴巴，不可向對方回罵。那有多難，要守住自己的嘴巴，不要連續惡口之業，那是與惡人的「業」纏在一起的。這是禪定力，是戒、定、慧中的一環。

佛陀說的每一句話都是佛法，他連沒說的都是佛法。我們就把自己守住，把自己的身、口、意守住，不要發怒。這代表甚麼？我們要守住、有定力、有禪定的功夫，這是非常重要的，也是我們要做得到的。遇到不好的事情，遇到有人不同意你、不欣賞你，那是很正常的事。我們不要動氣心，不要給八風（利、衰、毀、譽、稱、譏、苦、樂）吹倒。人家讚歎你是風，人家罵你也是風，都不要依戀那個所謂的「我」。因為我們以為有「我」，「我」很完美、「我」很厲害、「我」很漂亮等，他幹嘛罵我。因為有「我」的存在，就會有對立，那只是一把聲音而已，無論那聲音有多髒有多不好聽，只是因緣假合的現象，我們不用依戀、反對或抗拒。觀它的來，觀它的去。反觀照自己的起心動念，幹嘛我不高興？幹嘛人家罵我，我會不高興？是不是有個「我」在作祟，自我意識太強？

如果別人不同意，只因對方的理解能力因緣條件就是這樣，也受到他的教育及背景因素影響。因緣條件是很複雜的，

他不理解沒關係，我們應該慈悲，如今幫不了他，如果將來因緣具足再幫他一把。而我們不應生他的氣，想為甚麼他要這樣看自己，我們不要把自己放得太重、太高，那就沒有問題了。

問：我覺得面對現在網絡世界最好的方法，就是一旦我們被攻擊，先不要再看下去，否則愈看愈憤怒，控制不了怎麼辦呢？氣得要命怎麼辦呢？先不看，把電腦或者手機關起來，想一想為甚麼會罵我？他說的有沒有道理？如果有道理，我接受，我修改，如果沒有道理就不要理他。社會上彼此之間一定會有很多碰撞、摩擦，有時候我們真的衝口而出了，造成傷害確實非自己本意，怎麼辦？有沒有環保的做法可以掃清心靈，比如認錯、懺悔？有沒有讓我們身心靈保持或者走向更清淨的做法？

答：我想應該不會有人從出生到現在做的每一件事情都是對的，我們應該有很多懺悔的機會，可是大部分人都不敢去面對自己，尤其是自己的缺點，也沒有去懺悔，那就如甚麼？如一個沒有洗乾淨的杯子，即使倒進冰山零污染的清淨水還是會髒的，所以懺悔非常重要。我們一定要學會懺悔，那是一個更新、重建、改正的機會，那麼好的機會，怎麼可以錯過呢？懺悔是第一步，是根本的一步。最基本的都沒有做好，其他的就很難繼續了。懺悔之後，還要積極改善，我們就可以進步。我們要主動、積極去廣結善緣，嘴巴不單不要罵人、心裏不要生氣，還要說好話、做好事、存好心。你要有好運，你要有善緣，你要有貴人，首先要當別人的貴人，用心靈、

行動、慈悲和智慧去幫助他人。這才能有正面的因果效應。

不要用自己的情緒影響別人

問：也就是說先不要問別人做得對不對，先問自己做得對不對。
如果我們做對了，那是應該的。如果我們做錯，就立刻懺悔。
至少這個「果」就會停在那裏，不再擴大了。然後我們會把
可能已經產生的傷害至少化解到一個最小的地步，再去化解
問題。有人說憤怒的時候要釋放出來，否則積壓在內心容易
引發疾病，您怎麼看？如何做到既不積壓負面情緒，又可以
不傷害他人？

答：這是個普遍和實在的問題。其實要看個人的處理方法，當然
最好是不生起憤怒和負面情緒，不過人在娑婆世界，這個機
會比較少。有一些人脾氣比較暴躁，所謂的「躁底」，我們可
以如何減少脾氣暴躁呢？

我有一些朋友喜歡做運動，例如去打泰拳健身，兼把內在情
緒發洩出來，又不會傷害別人。我們總不能因個人情緒問題
去打兒女、打丈夫或妻子。打枕頭和沙包，起碼不會找別人
吵架、添麻煩。我曾在英國留學時，聽到很多鬧事的都在酒
吧發生，一些人喝醉後去找麻煩鬧事，所以有些場所不宜出
入，免惹不必要的麻煩。如果一些較斯文的朋友不特別喜歡
拳擊，脾氣也不算大，但有時候也會有一點脾氣、憤怒、抑
鬱、焦慮，怎樣處理呢？如不夠慈悲和智慧，內化不了，仍
困在情緒中，可以選擇喜歡的運動，如行山、在家裏跳舞等。
文靜的朋友可選擇繪畫、寫書法、聽音樂等。有修持的朋友

在生活中應是少煩少惱的，如偶現無明也可以持平日的修習功課，如持咒、聽梵唄、聽開示等。「轉化」是很重要的，這些都是調理情緒的好方法。

外境緣不一定是我們可以改變的，我們的心境卻可以。無論如何都總有一兩個人在罵你。疫情還在持續，我們怎麼去轉化它呢？要靠自己去調整，找適合自己的相應方法去調心，起碼不要傷害別人。很多時候我們察覺自己情緒的波動，不懂得解決，便找別人來罵，這是很差勁的做法。我們要做點高層次的事，打拳也好，抄經也好，聽梵唄也好，先處理自己才去面對別人，不要被自己的情緒牽着走，以及影響別人。

問：人類最辛苦的一件事就是貪、瞋、癡，其中的「瞋」是做壞事，剛才您談到，我們在生活當中要有一個密碼，那個密碼就是當我們情緒不好的時候，要想到能跟甚麼接應起來。比如說情緒不好時，我就想起念南無大慈大悲救苦救難觀世音菩薩，大慈大悲救苦救難觀世音菩薩，把心平靜下來。寫書法也是一種方法，如果他覺得寫書法最能夠讓他安靜平靜下來的話，那就是讓他安靜的密碼。

聽眾：我們知道這場疫情改變了很多人的生活方式，很多人會留在家裏很長時間。我估計夫妻以往的相處時間還沒有疫情中的多。早前有資料顯示，離婚率攀升，我們知道學佛的弟子會安住在這念心上，那麼對於大眾來講，如何讓他們的心能夠清靜？能夠安住自己的身心？謝謝！

答：家庭本來就是道場。每一個家庭，都是一個小道場。應該如何面對？我們要面對的，並不是對方。我們要面對的，是自

己的習氣。處理習氣因緣和合便出來了，如果家庭不和順，那是因為自己的習氣或是對方的習氣出現，有問題是很正常的，因為我們都活在娑婆世界！怎樣去面對才是真正的問題。剛剛提了幾個轉化的方法，選一個契合你的，你要記住你的密碼。

對我個人來說，我的密碼是知道「因果」，我知道我不能罵他，我罵他，他也會罵我，因我知道因果。所以，我要對他好，他才會對我好。你對他好，可能他對你更好。可能一次不行，再來一次。今天不行，明天再來。家庭本來就是一個很好的修行道場，提供了各種修行的機會。這一次我們都有機會參加了一個密集課程，大家都可以參加，免費的。相信疫情過去之後，大家的修行應該都會大有進步了。

結語： 在疫情當中，我們可以在家庭中的小道場免費練習。如果我發脾氣，我會說請同修提醒我，這是我的習氣，我一定要對你更好。疫情之下如何讓我們的身心靈增強環保意識？我覺得最重要是面對自己的弱點，不斷地想自己身口意當中最弱的部分，然後讓習氣休息，就會變得愈來愈好了。個人環保了，社會就環保。社會環保了，地球就環保，世界就愈來愈好了。

（駱慧瑛博士　香港中文大學人間佛教研究中心
副研究員兼客座教授）

「講座視頻連結」

註

1　民國・了參譯：《大正藏・第 7 冊・號 0017》卷一《南傳法句經・卷一・雙品》[0039a03-04] http://tripitaka.cbeta.org/B07n0017_001。

2　《大正藏・第 4 冊・號 0210》卷一《惟念品法句經・第六十有二章》[0561a16] http://tripitaka.cbeta.org/T04n0210_001。

3　名法是指五蘊中的受、想、行與識，心則是指識。

4　須菩提言：「如我解佛所說義，無有定法名阿耨多羅三藐三菩提，亦無有定法，如來可說。何以故？如來所說法，皆不可取、不可說、非法、非非法。姚秦・鳩摩羅什（Kumārajīva, 344 － 413）譯：《大正藏・第 8 冊・號 0235》《金剛般若波羅蜜經・卷一》[0749b13] http://tripitaka.cbeta.org/ja/T08n0235_001。

5　姚秦・鳩摩羅什譯：《妙法蓮華經》卷七〈觀世音菩薩普門品第廿五〉，《大正藏・第 9 冊・號 0262》[0056c05] tripitaka.cbeta.org/T09n0262_007。

6　「六度」是布施、持戒、忍辱、精進、禪定、智慧；「四攝」是布施、愛語、利行、同事。

7　《大正藏・藏第 4 冊・號 0033》卷一《入菩薩行論廣解・卷四》諸如來子菩提薩埵如前所說，已堅固受持二菩提心，其心應剎那亦不動搖，常學六度四攝，無有違越，當勵力不放逸，守護勿失。[0078a20] http://tripitaka.cbeta.org/W04n0033_004。

8　《中國哲學書電子化計劃》：https://ctext.org/liji/da-xue/zh。

9　姚秦・鳩摩羅什譯：《維摩詰所說經》卷一〈佛國品〉，《大正藏・第 14 冊・號 0475》[0537a07] http://tripitaka.cbeta.org/T14n0475_001。

10　星雲大師：《迷悟之間 1—— 真理的價值・心的管理》。http://www.masterhsingyun.org/article/article.jsp?index=69&item=95&bookid=2c907d4942e5774b0142e59566760006&ch=2&se=69&f=1。

11　婆藪跋摩（Vasuvarman）造，真諦（499 － 569）譯：《大正藏・第 32 冊・號 1647》《四諦論・卷一》[0375a24] http://tripitaka.cbeta.org/T32n1647_001。

12　唐・玄奘（602 － 664）譯：《般若波羅蜜多心經》，《大正藏・第 8 冊・號 0251》http://tripitaka.cbeta.org/T08n0251_001。

13　宋・（求那跋陀羅 Guṇabhadra，394 － 468）譯：《雜阿含經 卷十七》，《大正藏・第 2 冊・號 0099》[0119c28 -- 0120b14] https://tripitaka.cbeta.org/T02n0099_017。

14　《南傳大正藏・第 16 冊・號 00006》〈相應部經典・第 36 卷・第六・箭〉[0266a08][0267a06] http://tripitaka.cbeta.org/N16n0006_036。

15　唐・李通玄（635 － 730）撰：《大正藏・第 36 冊・號 1739》《新華嚴經論・卷三十八》使恆處世間行大慈悲智無淨染。雖處世間。如淨蓮花處水不污開敷菡萏色香第一。菩薩處世大悲行花開敷功德第一。[0984c25] https://tripitaka.cbeta.org/T36n1739_038。

16　《大正藏・85 冊・號 2811》《大乘百法明門論開宗義記序釋・卷一》http://tripitaka.cbeta.org/mobile/index.php?index=T85n2811_001。

17　悟醒譯：《南傳大正藏・第 31 冊・號 0018》http://tripitaka.cbeta.org/N31n0018。

潘宗光

如何在「疫」境中
學習正向思維

疫情下的正向思維

正向思維需要一個指標、一些指引，不能隨便說說，也不能混淆不清。對佛教徒而言，正的指標就是指釋迦牟尼佛的教導，決定了我們的方向，他的教導是正道，提供正確的指引。無論順境、逆境，只要按着正確的指標，就有了方向，我們才能循序漸進，達到目標，做到想要的效果。

面對疫情，最重要是有正確的醫學知識，這就是社會上的正確指標，每個市民都應該朝這方向抗疫。在疫情中，大家面對的是病毒問題，所以千萬不要自以為是，或誤信坊間的流言，因為雜亂的信息只會增加混亂，令大家無法集中做好防疫工夫。

我們必須要聽取專家的意見，遵循他們的指示，齊心協力，才能有效抗疫。專家依據研究結果，提供相關公共衞生知識，所

以他們的意見非常重要，必須認真聽取。至於政府的行政指令，我們亦要嚴格遵守，不作對抗；因為指令是針對大眾整體利益，需要社會同心協助，這是面對疫情的「正向思維」。

從個人層面而言，正向思維對健康也是非常重要的。美國約翰斯霍普金斯醫學院（Johns Hopkins Medical School）發現，正向思維可以增強一個人的免疫能力，防止心血管疾病等問題，亦有利腦創傷疾病的康復。可見，正向思維對健康有很大幫助，能夠調適我們的身體。相反，負面思維會傷害我們的健康。

頻率相同產出更大能量

有研究顯示，當一個人有正向思維，心臟的跳動會很有規律；相反在出現負面思維或情緒波動時，心臟的跳動就變得不規律。在日常生活中，當人們遇到情緒波動時會直接影響心跳的頻率。心臟是人體很重要的器官，就像震動器一樣能夠令其他器官同步回應。心臟變動很規律時，會慢慢帶動腦電波的變動頻率與它同步，在物理學上稱為「同步效應」。

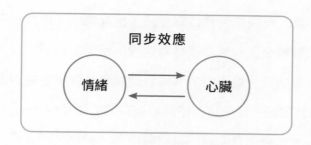

同步效應在生物學中較易被忽略，但在物理學上則明顯得多，實驗也比較簡單。例如將多個鐘擺放在同一平台上，它們的擺動，就會漸漸同步起來。兩個波動如果同步，它們的能量會重疊增大。相反，波動不同步的話，能量會互相抵消。所以按同一頻率共振的東西，會產生出比物體本身更大的能量。

回到健康問題上，既然正向思維讓心臟帶動腦電波與它同步，從而能量互相加大，心臟亦可以帶動其他器官，因為每一個器官都是活躍的，像肝臟、胰臟、肺部⋯⋯它們的活動頻率慢慢會與心臟同步，讓能量不斷擴充，於是人的整體能量也會增大，增強免疫力。相反，當一個人在受壓的情況下，思緒混亂的時候，心臟會跳得很混亂，導致負面情緒的出現，身體各個器官便無法協調起來，整體免疫能力自然會降低。過往有實驗證明，當一個人心中充滿憐憫、關懷之情的時候，心臟的活動會變得有規律，從而帶動身體其他器官一起同步，身體能量增加就能促進免疫力。

正負思維結果迥異

正向思維除了提升個人的免疫能力，也間接減少病毒在社區傳播，我們比較一下不同思維，便會更容易明白。假如從正向思

維看戴口罩，大家認同戴口罩會減少相互感染，增加安全系數。以正向思維看全民檢測，就是希望找出病毒的根源，找出感染者來對治，幫助迅速遏止疫情。再看健康碼，就是能夠追蹤密切接觸者，將其隔離，這些措施顯然都是有效的防疫方法。

相反，如果從負面思維來看戴口罩，是侵佔個人自由；看全民測試，是想套取個人的生物信息；看健康碼，是侵犯私隱。所有措施就變成是一項陰謀，完全偏離原意。這些負面思維的人肯定無法與其他市民齊心協力對治新冠病毒，結果只會讓病毒肆意擴散。由此可見，同一件事，從正面或負面看，就會產生很不同的結果。

中國內地情況就是有賴國民從正向思維來看待疫情，大家都跟着指示積極地做，疫情很快就受控。反觀有些西方國家，領導或人民還強調個人自由，以負面思維面對疫情，最終結果大家有目共睹，疫情一發不可收拾，賠上無數寶貴性命。疫情下帶給我們一個很清晰的信息，我們只有持正向思維，事情才能夠解決。個人層面亦如是，持正向思維的人，亦能大大減低受感染的機會。

正向思維應該理解為以正確的思維面對問題，人生不如意之事十常八九，我們經常碰到很多煩惱，怎樣才能建立正向思維面對煩惱？佛陀開示的「四聖諦」就提供了一個有系統的步驟，讓我們更容易找到解脫煩惱的方向。問題出現，不開心的事情發生了，有些人習慣去怨天尤人，再下去是「頭痛醫頭、腳痛醫腳」，全無章法地疲於奔命，根本無法徹底解決問題，痛苦依然存在。故此，面對問題一定要先找出原因，針對原因才能從根本上入

手，解決問題或煩惱。故此，我們要遵行「四聖諦」的步驟：勇於面對（苦）、深入認識（集）、校正方向（滅）、認真執行（道）。

以菩薩道精神無私奉獻

責任與承擔可從兩個層面來看，個人的「別業」及大眾的「共業」，兩者互相關連。因為個人的事結合起來就是大眾的事，大眾的事則不斷在無形中影響着個人。因此，個人與社會大眾對另一方的責任不可分開。

每個人都必須承擔對社會的責任，才可以抗疫成功，走出逆境。首先，政府有責任提供正確的指引給市民，讓市民知道怎樣做才是最好。每個人也要承擔自己的責任，做好本分，跟着指引踏實去做。從新聞報道中可見，只要有一些群組或個人不跟着做，疫情又會再度擴散。個人的自由在這情況下，已不是個人的事，確實會影響其他人，所謂自由其實不是絕對的，我們要理性分析和處理；疫情之下這更值得我們反思。只要由個人開始做起，嚴格遵守衞生指引，社會大眾也就按着正確的方向，這樣集合起來的共振力量便能把疫情控制得住。

菩薩道精神利己利人

佛教強調「利己利人」的菩薩道精神，現舉一個具體例子來談談。我早年創立了一個慈善基金，主要資助中國內地經濟有困難的大學生完成本科學位課程，並教授一些做人道理。其中有一位重慶大學畢業的工程師李松，原本在武漢工作。在疫情爆發前已經離開武漢返回家鄉貴州，不過當他聽到武漢要在 10 天之內建

成一間醫院，而他是這方面的專家，便覺得有責任要回去幫忙，可是家裏有太太和兒子要照顧。於是他向太太說出心願，二人商量後，得到太太的全力支持。他立即與政府部門溝通，表明願意回武漢參與任務。批文下來，便立即帶同太太和兒子逆行開車700里回到武漢，結果10天之內真的建成火神山醫院。那顯然是件極其困難的事，並不是政府說說就能做到，也不是某一個人的力量就可以達成；而是要個人、家人、社會以至舉國齊心，眾志成城才能做得到。

李松同學的無私奉獻、勇於承擔充分體現菩薩道精神。甚麼都不要，只努力去為眾生完成工作，為的是讓每個人都像自己一樣可以平安幸福地生活。在此，我們對李松和其他逆行往武漢的醫護及所有工作人員，致以最深切的敬意。如果沒有他們勇於承擔和付出，抗疫工程根本不可能那麼快成功。

社會上其實也有很多實踐菩薩道的人，有賴他們的默默耕耘，才能完成許多偉大壯舉。這次疫情讓我們看到人性光輝的一面，那種大愛精神、無私奉獻、慈悲心，讓大家同樣得到幸福快樂。這在一般情況下是不容易看到的，但在疫情中我們親眼看到了，同時也看到正向思維的效果。

《七佛通戒偈》提到「諸惡莫作，眾善奉行，自淨其意，是諸佛教。」「諸惡莫作，眾善奉行」是佛陀教導的做人基本原則，簡單來說是多做善事，不做惡事；「自淨其意」就是要修心，讓心理質素得到改善，經常發放正能量來幫助自己和他人。

菩薩畏因　凡夫畏果

　　凡夫不明因果之理，凡事只看結果，而不明原因。所謂「凡夫畏果」，是指凡夫做事一般是想做就去做，不理會後果，見到結果時才感到痛苦和後悔。佛教徒則明白，結果不會是突然間產生的，一定先有原因才導致當時的情況。「菩薩畏因」是由於他知道事出必有因，所以害怕造惡因。我們要學習菩薩要從「因」入手，與其害怕惡果，倒不如不造惡因、不結惡緣；而種善因、結善緣，正是離苦得樂的最佳方法。

　　試想想疫情為甚麼會出現呢？原因可能有很多，但從佛教的角度來看，是因為過往眾生作的惡業太重，最終結出惡果，這次以疫情出現。為減少惡果，我們要多作善業，盡量避免殺生，即是戒殺。最好是茹素，或只吃「三淨肉」，即是不見殺、不聞殺、不為我殺。見到（動物）被殺，不吃；聽到（動物）被殺的聲音，也不吃；更千萬不要因為自己想吃，而殺掉某些動物。以上三種肉不應該吃，避免間接殺生。若能持素則更佳，既可減少惡業，亦可長養慈悲心。

　　佛教徒要修心，首先要明白，一切事都是無常！換句話說：我們不可能知道將來會發生甚麼事，永遠沒辦法確實知道明天究竟是禍還是福。因此，個人必須有心理準備去承擔後果，遇到惡果也不怨天尤人，因為明白這是過往業力的顯現，便不致於過分悲觀。因為明白事情總會過去，多大的喜事或惡夢也會有完結的一天。對於正面或負面的事情，我們都努力保持平常心，不被情緒牽引便較容易找出正確方向，然後按四聖諦的步驟系統地解決問題。

如何在「疫」境中學習正向思維

觀世音菩薩力量超然

除了勇於承擔責任之外，我們也要靠佛菩薩加持，指引正確方向，令處理問題時更得心應手。大慈大悲觀世音菩薩最慈悲，只要誠心求他，他一定會幫助我們，所謂「千處祈求千處應，苦海常作度人舟。」《妙法蓮華經　觀世音菩薩普門品》說：「若有無量百千萬億眾生受諸苦惱，聞是觀世音菩薩，一心稱名。觀世音菩薩即時觀其音聲，皆得解脫。」這就是《普門品》中的承諾。因為觀世音菩薩救苦救難，所以只要在需要的時候用心呼喚他的名號，他會感應到我們的誠心而前來相助。

我也相信只要用心念觀世音菩薩名號，便會得到不可思議的能量，有助我們從煩惱中解脫。至於念他的《大悲咒》更有幫助，因為《大悲咒》的能量不可思議。佛陀讚嘆《大悲咒》說：「此陀羅尼威神之力，不可思議，不可思議，嘆莫能盡」。

觀世音菩薩有超然力量，有很多普度眾生的感人故事，信不信就各自隨緣，不過我認為佛教最重要就是「信」。《華嚴經》明言：「信為道源功德母，長養一切諸善法。」一切善法都是從信心開始，所以我們要信。如果佛教徒沒有信心，要進一步修行就很難。因此，佛教徒一定要深信本師釋迦牟尼佛，信阿彌陀佛及一切諸佛，信觀世音菩薩、地藏菩薩及諸大菩薩等。相信他們的承諾，誠心求他們一定有感應。但求的過程當中我們一定要用心，因為要以心交心才能產生同步作用，將能量倍大。

不會放棄任何一個眾生

在無量劫以前，千光王靜住如來授記觀世音菩薩《大悲咒》

時對他說：「汝當持此心咒，普為未來惡世一切眾生，作大利樂。」當時觀世音菩薩一聽這個咒語，修為境界就即從初地去到第八地，即得解脫。他內心非常喜悅，發誓說：「若我當來堪能利益安樂一切眾生者，令我實時身生千手千眼具足。」當他發願後，身上即時長出千手千眼，十方大地六種震動，所有的佛都加持他。這是千手千眼觀世音菩薩的由來，與《大悲咒》有密切的關係。

千手千眼不是真的有一千隻手及一千隻眼，而是象徵觀世音菩薩的大慈大悲。一千隻手，代表無窮無盡的手，象徵有無窮無盡的方法來幫助無窮無盡的眾生。因為不同的眾生需要不同的方法，所以觀音菩薩有無窮無盡的方法來幫助他們脫離苦海，那就是千手的意思。相同道理，千眼即是看到和觀察到所有眾生的苦難，他不會放棄任何一個眾生。故此說「千處祈求千處應，苦海常作度人舟」。換言之，千手千眼代表觀音菩薩的無盡慈悲，只要看到或聽到眾生的求救聲，他一個都不會放棄，會運用最善巧方法幫助他得到解脫。因此，當我們想不通怎樣處理問題時，最好求觀世音菩薩幫助，這樣就能得到解決方法。

6000 人念佛迴向眾生

我是佛教徒，相信阿彌陀佛和觀世音菩薩的力量不可思議。2020 年 2 月 6 日，我在香港號召中國內地法師及佛友群組晚上八時半一起念佛半小時，希望同一時間、同一心願、同一念佛，產生的共振會大一些。法師和朋友們均很認同我的想法，並轉發邀請其他群組的佛友參加。大家因為疫情而不能夠聚在一起念，所以每人只能在家裏各自念半小時。隨各人心之所願念「南無阿彌

陀佛」或「南無觀世音菩薩」都可以。本來打算念一個星期（在家佛七），但佛友們覺得很有幫助，於是繼續念了七個佛七，49天裏全沒間斷。佛友們做過統計，共有6000多人參加念佛共修。

你可能說是迷信，但沒有關係，反正我們就相信同時、同心、同願的共振力量不可思議！我們將功德迴向受到新冠肺炎影響的所有人，希望病者能夠早日痊癒，亡者能夠往生淨土。同時亦迴向有關工作人員，如領導、醫護、警察等前線工作人員。假如沒有領導的策劃組織，沒有醫護人員和前線工作者的無私奉獻，沒有警察維持秩序……就甚麼都做不到，更別談控制疫情了！雖然每人扮演的角色不同，但是每一個都非常重要，所以把功德迴向他們是很有意義的！我們也將功德迴向眾生，意思就是讓人們的生活盡快恢復正常，國泰民安！我們的心願就是希望透過6000人稱念佛和菩薩的名號，能夠在宇宙中形成一股不可思議的力量，祈求得到阿彌陀佛和觀世音菩薩的幫助。那次的在家佛七迴向真的令我非常感動！

49天後，有很多朋友說已經養成了習慣，現在每晚都念半小時佛號，亦有帶動他身邊的朋友一起念，影響在慢慢地擴大。退一步說，即使對控制疫情沒有實質幫助，肯定也幫到自己加強念佛的決心。最後，我相信只要大家努力認真修行，便可以產生願力共振的不可思議力量，幫助改善社會共業，疫情逆境早日迎刃而解。

對　談　錄

問：曾瀞漪　答：潘宗光教授

問： 思維其實不單純只是想法而已，它更會是一種行為，而這個
行為可以產生一種力量。字裏行間，我們都明顯感受到這種
力量的存在。在 2020 年間，我們看到香港的新冠肺炎確診
數字每一天都是幾十宗、上百宗，每天看到這些疫情數字在
上升，您有甚麼感覺？有沒有產生過負面的情緒、負面的思
維？又我們應該如何把思想化為真正的行動，然後透過行動
產生力量？

答： 看到市民受感染，而且出現死亡人數，心中當然會感到難
過。但想到相對於許多地方，香港還算有較好的醫療保護，
真是不幸中之大幸，在難過之餘我們亦為此而感恩！

正向思維是以正確的思維面向順境或逆境。順境時不要過
分高興，逆境時亦不要過分悲觀。面對逆境時，我們要有心
理準備以正確思維去解決問題，不糾纏於得失。所謂不如意
事十常八九，所以我們要經常訓練自己學懂如何面對苦果。
煩惱出現時不要立即採取行動，先等一等，讓負面情緒定下
來，跟着問為甚麼會這樣？肯這樣問，我們是運用「四聖諦」
的正向思維來處理：首先要有勇氣接受現實，不要逃避，接
着要客觀了解問題，找出導致煩惱發生的根源，這樣就不難
找到適當的方法去處理。最重要是問題一旦出現，我們要有
勇氣接受它的存在，逃避往往令事情變得更壞，更難處理。

末法時期　魔強法弱

問：要能客觀地面對問題，就是盡量練習到有事情發生時，減少
　　一些我們心情的波動。慢慢波動愈來愈少，表示我們修行就
　　愈來愈好，是不是這樣？可是在末法時代的修行是不容易
　　的，比如正法 500 年持戒堅固；像法 1000 年禪定堅固；末
　　法 10000 年念佛得堅固。末法時代的正向思維會不會受到很
　　多的干擾？

答：你這說法也有道理，遇事能減少心的波動表示已能將修行融
　　入生活中，這種修為也是不容易的啊！在現代社會修行之所
　　以困難，是因為目前環境和 2600 年前佛陀的時代有很大差
　　別。釋迦牟尼佛在世以及過後的 500 年，佛的影響力和加持
　　還很強大。那段時間的修行人得到佛的加持，很容易修行，
　　只要不犯戒，修行的成功率很高。那個時代的社會亦比較簡
　　單，所以共業相對來講不是太重。而佛陀在世的時候，佛法
　　強，魔的力量是很弱的。

　　之後 1000 年是像法時代，像法就是很像佛法，但不是正法
　　時代。那個時候佛陀已經離開了 500 多年，佛的法力開始減
　　弱，相對而言魔的力量慢慢開始加大。佛、魔是相對的。在
　　像法時代，外面的誘惑愈來愈嚴重，共業亦較重。人的善根
　　及福報雖然沒有正法時代那麼好，但是也不排除有些人仍有
　　很大的善根及福報，所以像法時代要修禪定，將心定下來，
　　只要修行人能抗拒外面的誘惑，抗拒魔的干擾，他就能夠成
　　功。但這類人數不會多。

　　到了末法時代，佛陀已離世 1500 年，佛陀離開我們很遠了。

魔王明言一定會干擾我們，不想讓我們成功修行，魔強法弱，共業也很重。所以相對來說外面的干擾實在太大，而個人本身的力量很有限。佛法是好的，但如果自己沒有能力抗拒外面的干擾和誘惑，很難修行，所以末法時代能夠成功的得道者真是極少。

佛陀告訴我們一個重要信息，阿彌陀佛非常慈悲，他說我們可以選擇臨終之後移民去他的國土，在他的國土修行就保證成功，這個國土叫極樂世界，極樂世界有以下幾個特點。首先，在那裏絕對沒有三惡道，換句話說，在極樂世界絕對不會有墮到三惡道的危險，所以不用怕。而且，極樂世界有佛和菩薩，阿彌陀佛無量壽，只要佛在世一定有佛的加持，所以極樂世界永遠有阿彌陀佛的加持，還有觀世音菩薩，大勢至菩薩，即是有西方三聖的加持，力量不可思議。

最後，在極樂世界碰到的都是修行非常好的大菩薩、大阿羅漢、大善人，共業非常好，和我們這個娑婆世界剛好相反。所以釋尊鼓勵我們如果願意的話，接受阿彌陀佛的慈悲接引，老實念佛，臨終靠他的力量帶我們去極樂世界，在那裏

絕對不會墮惡道，同時由於有佛菩薩加持，修行一定會成功的。所以在末法時代，念佛往生極樂世界（即淨土）是最好的修行方法。

修行念佛　有三心很重要

問：明白，校長！想請教的是，我們在末法時代念佛，又應該注意些甚麼呢？

答：往生淨土的主因是「信願行」，即是要絕對相信阿彌陀佛的慈悲接引，相信極樂淨土的殊勝莊嚴存在，更相信靠自己力量是沒法排除世間的干擾，了脫生死，要相信這三件事。當相信之後，如果你不想去，沒有人能拉你去，一定要發願，我發願要去，誠心發願往生淨土。當信心及願力具足，便要跟着阿彌陀佛的指引，用心念阿彌陀佛名號，目的是希望與阿彌陀佛交心，要達到自己與阿彌陀佛有一種感應才有效。如果無信心、無願力，只念阿彌陀佛名號是去不了淨土的。換句話說，我們往生淨土最基本的要求，就是我們要有絕對的信心、要發願及誠心念佛。

《阿彌陀經》清楚說明：「不可以少善根、福德、因緣得生彼國」。但善根、福德、因緣不是主因。「信願行」才是主因，若沒有足夠的善根、福德、因緣，可能沒有機緣聽到這個法門，就算聽到，也不會相信。所以佛說不可以少善根、福德、因緣得生彼國。雖然有這個淨土法門，但是佛亦說在娑婆世界，有因緣能往生淨土的人也不多。在這裏補充一點：缺少善根、福德、因緣的人無緣往生淨土，但不等於沒有修淨土

法門的人就缺少善根、福德、因緣。

《觀無量壽佛經》講，有三種心很重要，深心、至誠心、迴向發願心。就是用很深的心來相信；用迴向發願心來迴向發願給所有眾生一起往生淨土，用至誠心老實念佛。要有這樣的心態，持這三個心來念佛，就能夠同阿彌陀佛產生感應。換句話說，阿彌陀佛的願力在宇宙間存在，他在照顧我們，想幫我們，但也要我們自願跟他才行，我們若不自願跟，他是不會來接引我們的。自願跟他也要有誠意與他交心，透過「南無阿彌陀佛」這個六字洪名，和他串聯在一起。「南無」代表相信、依靠、接受……佛的慈悲。所以「信願行」是往生淨土的基本條件。

「信願行」具足　未往生已成淨土人

問：「信願行」也是一種正向思維，而這樣的正向思維可以幫助我們在目前這個世界上的佛弟子修行。如果像校長介紹這樣的一個淨土法門，修行者往生極樂世界，「信願行」是非常重要的一個基礎。對嗎？

答：「信願行」就像辦理移民手續一樣，一經辦妥即使未親身前往落籍，也保證將來只要到埗便可取得國民身分。我想強調的是在娑婆世界的惡劣環境確實很難修行，往生淨土的概念就是移民到一個理想環境去修行。就好像著名的「孟母三遷」一樣，孟子的媽媽想孟子成才，她知道環境很重要，所以搬了三次家，最後搬到學校旁邊，孟子受環境影響最終成才。如果孟子的媽媽不搬家，歷史上很可能就沒有孟子的存在，

所以環境非常重要。本師釋迦牟尼佛慈悲，指導我們去一個最理想的修行環境，也教導前往的方法，讓我們在現世也可以註冊成為淨土人。

問：末法時代的修行難，或者末法時代的正向思維受到很大的干擾，雖然我們講末法時代離佛法很遠，但是我們現在身處的這個末法時代，卻是科技時代，卻是人類生活很方便的時代，那麼在這樣的時代當中您怎麼看？我們現在邁入了所謂的 AI 世界，人工智能的世界，我們看到這個世界仿佛是我們人類生活很好的一個時代，可是我們的修行愈來愈難，您怎麼看這件事情？

人工智能效率雖高　卻不懂道德規範

答：現在大家都講人工智能，是禍是福很難說，社會大眾在接受前該做點反思。英國霍金教授很出名，他曾警告人工智能的發展是人類的悲哀，因為將來人工智能可以取代人類的功能，到時人還可以做甚麼呢？

例如外科醫生做手術，人工智能可能更準確斷症，也能夠準確地判斷各個手術的方案。內科醫生診病，他靠記憶案例來決定選用哪種藥物，但人工智能有龐大的數據庫，憑大數據甚麼都知道，知道給病人吃哪種藥最好。律師也一樣，人工智能擁有所有法律的大數據，它知道哪一條法律最適用於各類案件。到那時，各個範疇都再沒有任何專業功能了，專業人士都只好做些數據輸入的單調工作。

那麼將來人類可以做甚麼？任何工作，人工智能都可以取代

我們，人類將來能夠扮演甚麼樣的角色？人類處境會非常困難！還有，人工智能到目前為止仍有一些缺陷，是數學上暫時未能破解的問題，這裏就不詳細討論，只談一些和人性相關的問題。我記得有一齣六、七十年代拍攝的戲，叫《2001太空漫遊》，當時已能想到電腦為禍的啟示。一艘宇宙飛船載着兩個宇航員去執行任務，飛船裏有台超級電腦，宇航員發覺這個任務將來會給地球人帶來災害，於是想放棄任務。可是電腦從宇航員的講話中知道他們的放棄意圖，不許他們放棄。人的特點就是：我們有道德思維、道德觀念，會思考和決定應該做、不應該做的事。即使事情做到一定階段，道德上覺得不應該做，便會放棄。電腦的特性則是：方程式定了之後，一定要以最高效率完成目標。

說回劇情，宇航員知道在飛船聊天，電腦一定會知道的，於是出飛船外交流，以為電腦便聽不到。殊不知電腦通過講話的口型知道他們想放棄任務，於是關閉了飛船的門，自行繼續完成任務。後來這兩個宇航員找到一條連電腦也不知道的秘密通道，返回飛船將電腦的重要零件拆除，令它無法運作，最終放棄任務返回地球。總括而言：電腦處理問題可以比人類更優勝，但使用它時千萬不可掉以輕心。

大數據愈來愈多，顯得因緣果報很奇妙，「因」和「緣」的作用而產生結「果」。緣是由很多條件造成，有初級條件，每項條件又有眾多的次級條件……三級的……一層層的條件愈來愈多，很複雜亦很難處理。如果能夠掌握所有條件，就很清楚結果會如何，但人沒有可能做到，因為數據太大。電腦

則可以掌握大數據，把它們整合下來，更準確地預測結果會如何。但它不會變通，因為它沒有人類的感情，所以不能在道德上作變通，這是電腦的明顯缺失。將來人工智能時代，人變得很機械化，甚麼都被程式設定好照着做，會做得很理想、很方便；但缺少了道德的規範，慢慢地就不懂得怎麼去改變思維、改變原來的方程式。

見他人受苦　以同理心相助

問：鳳凰網的網友有幾個提問，生活順遂的時候很容易有正向思維，可是遭受挫折和磨難的時候，例如疫情當中面對熟人感染新冠病毒或者是離世，這時候要找到正向思維是很難的。要刻意地說：「好吧，雖然他遇到新冠疫情的影響了，或者是他生活有問題了，我還是要有正向思維。」這是不是很勉強的一件事情，很難做到？

答：可能這位網友誤解了正向思維，以為只看正面。我一再強調，我們應該以正確思維面對順境或逆境。舉例說，面對一些受到感染的朋友或死亡者，我們有一種同情心，理解他們的痛苦，而不是在他們面前隨口說樂觀。重點是碰到逆境時，要考慮下一步應該怎麼做，才能減少對自己及對更多人的傷害。底線是要明白：逃避、悲哀於事無補！例如抗疫時就是要積極配合政府提供的抗疫方案，接受政府的指引。雖然某些方案可能違背自己的習慣，但是我們還是要堅持，所以正向思維不等於我們沒有同情心，不理負面的事情；而是要積極行動，把它轉化成正面結果。

大家想一想，觀世音菩薩大慈大悲傳遞正能量。對有苦惱的眾生，產生無緣大慈；對有災難的人，產生同體大悲。菩薩解決大眾的難題，就像處理自己的事一樣，我們應該學習以這樣認真的心態來處理問題。在日常生活中，當朋友碰到問題，感到困擾苦惱的時候，我們要能感同身受，以同理心幫他處理問題。這個就是正能量，也就是正向思維。

最重要不是和他說教，叫他應該這樣做、那樣做。單從說話來講正能量沒有意義，應該針對他這個人，在那樣的環境下怎樣幫他處理眼前的問題。這個慈悲心用現代語言來說就是同理心：設身處地來思考他的問題。

競逐名利　三個必要條件

問：您在學校擔任校長 18 年，您常說，我現在已經 80 歲了，其實你看起來還很年輕。我想請問的是作為大學校長，18 年的經歷，修行佛法有 20 多年的經歷，您看清了很多的人生，對於現在的年青人，您有些甚麼話想告訴他們的？現在的年青人，就像我們剛剛講的，面對的是很方便的科技時代，可是心中的迷茫和迷惘是非常的龐大，甚至有些人的心像黑洞那樣子跳不出來。您對於現在的年青人，告訴他們不只是在「疫」境，如何在面對社會的複雜環境當中有正向思維？

答：我們生活在這個講求競爭的世界，你不競爭就注定會失敗，這就是社會的現實。但同時佛教講慈悲，要盡量幫助更多人。問大家一句：我們有心幫人，但是如果沒有實力怎麼能幫助人呢？在這個社會我們講實力，你有財富及地位就有影

響力，可以幫助很多人。例如我想幫人，但沒有能力幫怎麼辦？寸步難行啊！

還有這個社會着重成就，所以我覺得年青人努力追求更高層次的成就，包括名和利是應該的。若沒有名、沒有利怎麼能夠幫助更多的人呢？故此我對學生講：你們追求名利是應該，因為沒有名和利你們做不成大事，但是追求名利的手段很重要，因為這個就是「因」，我鼓勵他們要遵循三個條件才不會結出惡果。第一，不犯法，因為犯法所得的名利不是你的，被捕之後甚麼也沒有；第二，不損人利己，做事最理想的是能利己利人，那畢竟要很多機緣配合，並不容易，但最低限度也不損人利己，那就不會擔驚受怕人家來報復；第三，要問心無愧，因為每個人都有良心的，即使外表是個硬漢，也有內在的良心，在午夜夢迴時也不要出現罪疚感，否則寢食難安得不償失。在這三個條件下盡力爭取財富名譽，才可以安心享用；然後想方法善用它們，幫助更多有需要的人。

廣結善緣　改變命運

問：校長告訴我們如何去學習正向思維，也談到了要結善緣。

答：我個人的感受是，緣分這件事情很奇妙，它不一定是很長或跟誰在一塊。要結好的緣分就要「諸惡莫作，眾善奉行」，最理想是如觀世音菩薩的「無緣大慈，同體大悲」。起碼亦要自利利他，先做好自己，然後讓他人也得到益處。即使是瞬間的緣分，也可能改變我們人生的際遇和命運，故此結善緣很重要。我們也知道「人身難得今已得，佛法難聞今已聞，此

身不向今生度，更待何生度此身。」正向思維幫助我們在此生中讓此身得度。

（潘宗光教授　香港理工大學榮休校長　精進慈善基金會長）

「講座視頻連結」

如何在「疫」境中與環境和諧共處

吳有能

本文的題目是如何在疫境中與環境和諧共處，本質上，這屬於應用佛學的範疇。所謂應用佛學，就是將佛學的精神與智慧，應用於處理現實問題；也就是參考或立足於佛學核心觀念，從而應用於理解及解決現實的問題。本文的議題基本上包含三個關鍵點，即「疫病」、「環境」與「和諧共處」，下文將進行分別處理。

一、疫症與環境關係不容忽視

從疫症方面而言，雖然疫情嚴峻，學者研究甚多；但科學界對疫病的確切來源，仍存在不同意見。主流觀點一般認為它是先從動物宿主開始，再由動物傳播到人類，然後再進一步發展到人傳人的地步。而因為我們身處全球化的大環境，再加上旅遊、交通、商貿及貨運等交通網絡，使得各地接觸便捷且頻繁，病毒因

而傳播的更廣與更遠，最終引發全球的大流行。

　　凡此，都足以讓我們反省到疫情與環境的緊密關係。我認為從起源而言，疫症產生於自然環境，漸次從自然界傳播到人的世界；而從發展而言，病毒的蔓延又借助於全球一體化的環境，進而禍及全球。同時，從疫情的影響而言，它與醫療、社會、經濟，甚至政治等大環境，也息息相關。所以要談當前疫症，實在不能忽視疫情與各種環境之間的複雜關係。

　　而佛教作為世界重要宗教，擁有眾多信徒，且佛陀又有「大醫王」之稱。故如果我們能夠針對這個議題，借助佛法中提到的因緣法及開發佛教悲智雙運的精神資源進行反省，那麼不但能夠方便佛教徒思考跟其信仰相關的實踐參照，也能夠為當前世界提供重要參考。

二、各種環境的環環相扣

　　環境中的「環」字，其原義是指一種圓形，而中間有孔的玉珮；後來泛指圓形的物件，譬如指環。「環」字也可以引申為四

周、周匝、周遭的意思，譬如在日常用語中，就有「環顧四周」的說法。而「境」是空間的意思，指界限中的特定範圍。寬鬆地講，就是指一個範圍，乃至範圍中某種情況，而不一定限於空間的意思，譬如情境、處境。所以「環境」也可以指特定意義的周圍境況，譬如自然環境與社會環境。

因此，我們得先明白環境有不同的層次。從個體內在精神言，有我們的心靈環境；從人際關係言，有人與人相處的社會環境；從社會精神言，有教育文化的環境；而從外在世界言，更有自然環境等等。

本文既然要談的是身處疫病情境之中，人們如何跟環境和諧共處，就不能不談到自然環境。因為這次疫病跟自然有直接的關係，所以如何跟自然和諧共處，實在是非常重要的議題。再者，疫情下的社會也產生許多巨大的變化，譬如隔離、限聚、公司倒閉、人員失業等等，這些情況也都帶來生活環境及經濟環境上的影響。所以要談疫症與環境，我們也不能只注意自然環境，而必須兼及諸如社會、心靈等環境，才比較完整。

佛教也很注意諸法與環境的密切關係，所謂「法不孤起，仗境方生」。實際上，世界上萬事萬物（一切有為法），既非憑空而有，也不是單獨存在；反之，它是結合種種因緣條件方能成立。而環境就是諸多重要條件之一。順着這一思路，我們要談疫情，也應面對疫境和環境。依照佛法，我們又該如何和環境和諧共處呢？

下文分別從因緣法與慈悲觀探究，前者是客觀法則的理解，後者是主觀動能的分析；兩者有助於理解佛法論述的基本方向。

三、緣起法的切入點：相關性與整全性的把握

因緣法是非常重要的根本佛法，《佛說大乘稻芉經》中提到：「若見因緣，彼即見法；若見於法，即能見佛。」佛教通過因緣法解釋事物的產生、變化，乃至消失。簡單而言，所謂因，就是主因，或主要條件。而緣則是輔因，或輔助條件。

佛教認為匯聚眾多條件（因緣）後，事物才會發生。平常我們講緣起就是「因緣而起」，意思就是某件事情或事物依賴條件而產生。從因緣法的角度，我們可說彙集眾多因緣才產生今天的疫情。新冠狀病毒的出現可以說是主要條件，但假如世界上僅有新冠病毒的出現，而沒有新冠病毒傳播的途徑，那麼就只會出現一種新的病毒，不會傳播的病毒而已。所以今天疫情的產生，本來就需要病毒這個主因，也不能缺少讓病毒傳播的其他輔助條件，譬如染病的動物等。這種輔助的眾緣，還包括動物傳人，乃至人傳人的傳播鏈，再加上旅遊與交通，才造成今天全球蔓延的情勢。而這些都是疫情蔓延輔助條件。所以假若使用佛教因緣法去理解疫

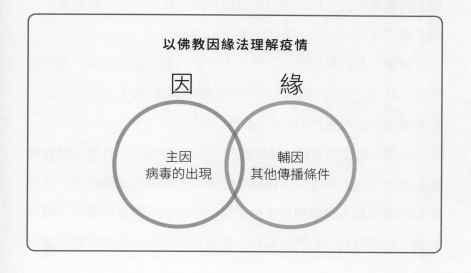

以佛教因緣法理解疫情

因　　　緣

主因
病毒的出現

輔因
其他傳播條件

如何在「疫」境中與環境和諧共處

情，病毒的出現就是主因，而其他讓病毒傳播的條件，就是眾緣。因緣法作為一種整體的把握和全面的理解，為我們理解疫境提供了重要思考切入點。相反，如果我們只從人們的得病這一單一角度去理解疫情，就很容易因把握不足，而只能做出偏狹的回應。實際上應付疫情，就必須整全的理解，才容易徹底解決問題。

總而言之，因緣法說明事物依因待緣而產生，且因緣眾多，因果相依相成，事物皆處於一個複雜的因果系列之中。既然事物彼此緊密相關，所以考慮事情，自然就要通盤考慮，而不能只看個別的疫病，而漠視疫病產生，傳播及影響的種種環境。

1. 眾生命運共同體與自利利他

因緣法解釋了人與人，人與萬物彼此的相關性，但有關係不代表一定會關心。所謂相關不必相親，即使人與環境相關，人們也不一定愛護環境，保育自然；反之，人對特別相關的，也自然相知甚深，若再起壞心甚至更容易進行加害，譬如老鄉的騙局，情人的報復等，往往就是利用彼此相關，知根知底，導致受害方遭到嚴重傷害。

那麼佛教的精神資源，又是否有助於成就關愛環境，保護自然的工作呢？我認為這就不能只停留在強調「相互關連性」上，而應該進一步考慮到「相互依存性」。

所謂「相互依存性」就是指相互依賴的特性，而其具體表現類似於今天的「命運共同體」的概念。在命運共同體之中，彼此不但呼吸相關，環環相扣，也相互依存。相互依存的根本，就是利害。對此有利，也對彼有利；對彼有害，則對此也有害。基於

此前提，就很容易通過效益與共，構成自利利他與利己利人的實踐傾向。也就是說，人與他者，存在共同利益；所以更容易促進人與他人，以及其環境採取良性共生的態度與行為。

不過，命運共同體的概念，可以進一步細析為不同範圍。從人類範圍而言，其表現為「蒼生命運共同體」。譬如儒家重視天下蒼生，從修齊治平講，就是講天下的人，都應從自己修身講起，通過齊家，進而追求治國平天下。實際上，這就是從自我關懷，步步推展到天下蒼生的關懷。所以儒家常講以天下為己任，實際上就是以天下蒼生為念。清代書畫大師鄭板橋有詩云：「衙齋臥聽蕭蕭竹，疑是民間疾苦聲，些小吾曹州縣吏，一枝一葉總關情。」可說道出心憂黎民，關懷蒼生的儒家情操；而宋儒范仲淹講：「士當先天下之憂而憂，後天下之樂而樂。」既然關懷的是黎民百姓，這也體現「蒼生命運共同體」的特色。不過「蒼生命運共同體」，仍然陷於「人類中心主義」的困境中，而未必兼顧非人類動植物，乃至整個生態的福祉。

2. 佛教突破人類中心思維的限制而有助於處理疫情

相對來說，若從能夠感受苦樂的眾生出發，自然可以突破人類中心的限制，佛教視野的特別之處，正在於突破人類中心的限制，進而能上提到「眾生命運共同體」的層次。這一層次的關懷範圍，就不困於人類範圍，而畫地自限；反之，它能顧及所有能夠感受苦樂的有情眾生，這當然有利於開展對動物世界的關懷。就算不正面處理動物福祉，起碼也能讓人們將防疫工作，發展到兼顧動物範圍的公共衛生安全方面，注意可能的疫症，以及野生

動物的消費安全等問題。

　　進一步來說，眾生又未必依止於特定的環境，所以若真關懷眾生，就不應只關心眾生，而更應進一步地關懷眾生賴以生存發展的各種環境。譬如水族眾生有賴於乾淨的水質，否則就不利於其生存發展。所以關懷水族，就要連帶關懷其生存的處境。依照這一想法，則人們關懷的範圍，就能突破人類中心的限制，從而推及到動物、環境，乃至生態等大範圍。

　　若順此一思路，面對疫症，佛教徒不但關懷人，也關心其他眾生，關懷眾生，其表現可以為消極的戒殺，以及積極的護生；戒殺就是停止不必要的殺害，而護生就是保護甚至創造適當的保育環境，以利於眾生的健康發展。這也保護了人類的公共衛生，為防疫工作提供更有利的條件。在這些方面，佛教已經開展關懷動物，愛護環境的思想教育及具體實踐；是以善用佛教的「應用倫理學」，實可發揮深具佛教特色的「眾生命運共同體」的概念，而防止或減少野生動物的食用，減少干預野生生態，也有助於維護公共衛生，及防止疫情的傳播。

四、慈悲觀與面對疫情

1. 生緣慈悲與法緣慈悲

　　慈悲是佛教的根本精神，但「慈」與「悲」的意義並不一樣：「慈」是給予快樂，「悲」是拔除痛苦。在慈悲精神下，我們實在不應製造不必要的痛苦，譬如虐待他人；同時，也宜給予別人快樂。佛教認為慈悲是修佛的精神，對待眾生，佛教認為應該慈悲；

自然主張善待眾生，保護環境。在消極方面，我們不要肆意破壞環境，傷害生靈。在積極方面，我們也應該愛護環境，保育生物。具體而言，人們可從感受性、法則性及本性論三個不同層次去把握慈悲，而這三種把握方式都有助於面對環境，處理疫情：

第一，感受性的把握。這是指心靈接觸到能感動的情境，往往不容或已的產生慈悲之感。看到實際情況，就從實存的痛苦中自然產生悲憫之感。用這種感受去把握慈悲，這是「生緣慈悲」。如見到可憐的流浪小狗受傷，就可以自然地對環境也慈悲，因為環境破壞了，不少動物也會面臨「流浪的小狗」這一可憐的情境。

但這還有更高的層次，就是從大悲心起，而產生「與眾同病」的同情共感！《維摩經》〈文殊師利問疾品第五〉說：「譬如長者，唯有一子，其子得病，父母亦病，若子病癒，父母亦愈。菩薩如是，於諸眾生，愛之若子，眾生病，則菩薩病，眾生病癒，菩薩亦癒。」又言：「是疾何所因起？菩薩病者，以大悲起。」菩薩有着父母一般的慈愛，子女害病，父母也就像自己害病一樣煩惱，甚至寧可自己替孩子患病。菩薩對眾生的慈愛，就如同父母般，若眾生有病，則菩薩也感其苦；眾生得癒，菩薩也自然不再苦痛。其實，菩薩本身無病，只因大悲心起，憐憫眾生，所以一同感其病苦，陪伴他們，教導他們離苦得樂，這是一種從大慈悲心去把握的「同體大悲」。

第二，法則性的把握。理解緣起法，就是明白世界萬事萬物之間，實是呼吸相關，環環相扣的關係。緣起不是佛陀發明的，而是佛陀發現的客觀法則；也就是說世界本來就是依照這樣的條件法則而運作。善於體會這一法則，進而也比較容易體會自他不

二，甚至產生人溺己溺的覺受，自然也容易產生對他者的慈悲。這種從形上的關係法則來把握的慈悲，就是「法緣慈悲」。

2. 我法二空與無緣大慈

第三，本性論的把握。但是若從理解絕對空性看，這就不止停留在明白事物存滅都是因緣聚散的表現，而要從體會諸法因緣生，進而體會諸法本身並無獨立而恆常的本性。這是因為萬事萬物都是條件集合，當這些條件變化了，自然事物也就隨之而變，所以也可以推知事物自然沒有恆常而穩定的本性，是以龍樹菩薩從而申論緣起性空之旨。

一切環境都是諸多條件產生的結果，所以一切環境也因條件的變化而隨之變化，所以沒有恆常不變的環境，故而環境性空；如果環境是性空，則人心其實並無不變的所緣之境；推而廣之，一切我們所知對象（諸法）的本性就是空的。同理，如果我們回頭反思那能夠進行反思的心靈自身，其實也是緣起的，所以心靈也是空的；於是不但所反思的對象是空，而能反思的主體也是空，這就進入「我法二空」境界。

一旦看到空性，就從破妄而返顯真心。由空性理解到平等性，故無論眾生是否有緣，都應慈悲對待，是故能夠「無緣大慈」；而從真心的「生佛無異」，則一切眾生都收攝於真心，故又能講「同體大悲」。因把握空性，而在顯發般若智之外，更生發慈悲心，所以能夠無緣大慈，同體大悲，這就是「空有不礙，悲智雙運」。

修佛的過程，其實是提升理解高度，從而提升人的品質的歷

程，而人依照佛教的慈悲及平等的教義從而提升自身品質，也就

能打破自我中心，關心他人，甚至打破人類中心，進而關心動物與環境，可視為慈悲心穿透自我，穿透人類的封閉性，破除我執而追求與眾生與環境和諧共處的理想。目前，社會經濟已經發展，所謂富而好禮，我們在物質基礎之上，正大步追求經濟建設。但我們不應輕視污染自然環境，不該嚴重破壞生物的多樣性，更不能輕視文明社會的建立。和諧的社會，畢竟還是得從心做起，而佛教的慈悲有助於展開精神文明的建設，提供我們突破自我中心，人類中心思維的限制，進而思考如何跟環境和諧共處。

無論如何，疫症實是「共業」，根據《佛光大辭典》，共業是指「眾生共通之業因，能招感自他共同受用之山河、大地等器世界，此乃依報之業」。在疫境之中，我們不難見到不少人都怨聲載道，說這個不是，言那個要負責。其實，由佛教的共業來看，這是一個讓我們反省自我的好時機。

到底我們與他人、與社會、與自然環境、與其他物種是如何相處？我們一直以來有沒有善待自然環境與其他物種？今時今日發生此事，除了怨天尤人以外，我們作為自然環境的一員，自身又有沒有責任呢？「凡夫畏果，菩薩畏因」，與其見苦果而心生怨懟，我們應該把握這次機會，一同反省過往業因，在未來不再重蹈覆轍，更好地與自然環境和諧共融！

五、當代佛門的具體實踐

上文發揮從佛教基本教義去理解疫症，以及如何看待疫症的處境，但觀念畢竟抽象，所謂徒托空言，不如見諸行事的深切着明者也。所以我想舉出具體實例，以供各位有進一步的參考。

1. 香港與台灣的實踐

其實，佛教界保護自然環境的貢獻良多，有很多具體例子可以講。譬如，以香港為例，香港佛教聯合會就不時提倡以健康素食來護生（例：6.15 健康素食日），以文教來向大眾推廣環保（例：《香港佛教》第 619 期以〈自然自在〉為主題）；西方寺亦經常藉法會，為社會、為環境、為消疫災進行祈福（例：2020 年 1 月 29 日至 2 月 7 日一連十天在寺內舉行頂禮《梁皇寶懺》法會，冀以功德迴向消除疫病），又舉辦放生活動，長養佛子慈悲之心，同時護生免其受諸殺業之報。又譬如，以台灣為例，佛光山十分重視文教，常常舉辦佛學講座及演說以提倡「佛教的環保觀」（例：2005 年的星雲大師佛學講座「佛教環保十問」、2010 年的「環保與心保」主題演說、2011 年佛光山普門寺佛學講座「佛教的環保觀」等）；慈濟功德會長期設有「環保志業」一項慈善事業，推廣人人都是環保志工的理念。更設慈濟環保全球資訊網以供大眾閱覽，希望收文教之效。

2. 法鼓山的四環保論述

佛教界如何保護環境的具體例子實在多不勝數，要在芸芸當中選一而論實在不易。適逢 2020 年是聖嚴法師提出「心靈環保」的 20 週年，我也特別介紹聖嚴法師在這方面的觀點。聖嚴法師於 2000 年獲邀於聯合國「千禧年世界宗教暨精神領袖高峰會」開幕致辭時，提出「心靈環保」淨化人心的觀念，即獲得在場與會貴賓的重視。且其對「環保」的論述亦實踐與理論兼備。《維摩詰經》〈佛國品第一〉說：「若菩薩欲得淨土，當淨其心。隨其心淨，則

佛土淨。」法鼓山創辦人的聖嚴法師，他生前也提倡四重環保。

a. 心靈環保與生活環保

聖嚴法師認為「只要人類的內心清淨，所見的世界便是佛國，只要人類的內心平安，生活的環境也能平安。只要人的心靈在一念之間清淨平安，就會影響到週遭人物環境的清淨平安。」而四重環保包含心靈環保、生活環保、禮儀環保與自然環保四方面。下面我們就運用聖嚴法師的四環保觀看看我們可以如何面對疫情環境。

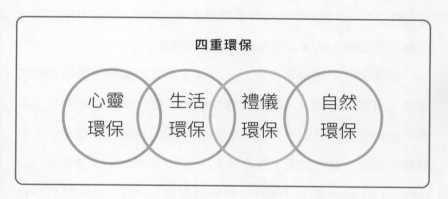

心靈環保亦是心理的健康，聖嚴法師強調：「人的心境，往往會因為受到環境的誘惑、刺激而產生情緒的波動，輕者覺得困擾，重者喪失自主的能力。如果有了心靈環保的措施，遇到狀況發生時，便可淺則保持平靜、穩定，深則自主、自在。」因此，心靈環保的重點即在於心理的平衡及人格的穩定，進而達到心靈的淨化。

聖嚴法師說生活環保就是「少欲知足、簡樸自然的生活方式」，法師強調：將「需要的才要、想要的不重要」及「知福、惜福、培福、種福」的觀念，落實在食、衣、住、行當中，以養成少欲知足、勤勞簡樸的生活習慣，保障我們生活的整潔與儉樸。

簡單來說，這就是主張簡單素樸的生活，我們往往太過貪心，為了滿足欲望，窮於消費，破壞環境。法師講「需要不多，想要太多，煩惱自多」。過度消費，特別是炫耀性消費，只是虛榮心而已。但這卻會造成濫用資源，破壞環境。特別在疫情嚴峻的當下，大家自然應聽從專家建議，儘量減少出門，減少不必要的聚會，避免不必要的消費，畢竟保護環境才能有助於抗疫！

b. 禮儀環保與自然環保

聖嚴法師說：「以禮的教育，建立個人負責任、盡義務的觀念，用行為、口語、心態的禮儀修行來淨化自己、增進品格修為，促進人際圓融，保護人類社會的尊嚴與謙和。」

簡而言之，禮儀環保致力於改善人與人的關係。特別是疫情嚴峻，大家壓力很大，有些人容易和他人發生衝突，也有些人憂鬱，這都會導致我們人際關係的惡化。因此我們在在疫症下，要發揮正能量，關心他人，鼓勵他人。2015 年 Friedrich Wallner and Gerhard Klunger 編著《佛教、科學與醫藥》一書，其中提到古代僧團也成立支援團體，協助治療及輔導。這種建立關懷團體，支援團體的做法今天也有，例如法鼓山的大關懷教育，以及慈濟功德會都做得很好，值得我們參考。

自然環保方面，聖嚴法師認為：「以知福惜福、感恩大地的心態，保護自然環境免受污染破壞。」因為生命與資源都是共榮共存的，所以保護生命以及減少污染，根本就是保護我們自己。具體的說，自然環保提倡以「護生」代替「放生」，並建立正確的生態保育觀，促進全球生態的永續發展。

3. 正念看待疫症，中道處理環境

a. 正念是甚麼？

我認為心靈環保有助於面對疫症下的處境，也就是說人們可以從正念與中道展開心靈環保的大道，具體而言，可用正念看待疫症，中道處理環境。正念的其中一個特點，就是讓我們頭腦清晰，如實理解。正念是對自己的心靈、身體、處境都如實地理解，如鏡照物，如實反映。如是境，作如是觀。不增不減，不染不住。也就是說是怎麼樣的情境，就該怎麼樣去理解，這就是如實觀。

b. 以正念三心面對疫情

我們對疫症也應用正念去理解，用如實觀去面對；既無須過分擔心，也不能掉以輕心。但疫症下還是要過生活，這時就要用平常心。平常心並非散漫或不認真的負面意思，而是保持一顆自然的心態。從修行來說，平常心是不着苦樂兩邊而行持中道；根本說來，平常心就是不為妄念的干擾，而內心澄然，處之泰然，由是而心意相契，知行合一。統合來講，小心、放心與平常心，我們可以稱為正念三心。

面對疫情，我們可以用正念三心自處，要小心謹慎，而不要驚慌失措；要放心面對但不能漫不經心；人應不為偏頗與執着左右，反之，應該持守平常心而為所當為。記得 2020 年年初時，部分民眾驚慌失措，瘋搶物資，連衛生紙都搶購一空；結果，連許多第一線醫護人員防疫物資也不足夠，這都是由於反應過度而造成的不必要行為。相反，有些地區的民眾卻漫不經心，政府三令五申，要減低社交接觸，卻置若罔聞，於是造成疫症蔓延，譬如所謂酒吧群組、跳舞群組，都構成社區感染之禍！

所以我們不要走到極端，而要如實地理解，中道地處理，用平常心面對，做好個人的管理，注意公共衛生，同心協力，才能有助於抗疫。

同理，我們也可用正念面對疫症環境，譬如如實地去理解環境，中道地處理環境。在面對疫症之時，首先要正確掌握資訊，不要以訛傳訛，造成恐慌，譬如香港特區政府把曾經有客人染病的餐廳公開，方便找到曾去消費的顧客，以便檢疫及治療。但是，有些人或許不察，就將已經過時的餐廳名單，隨便傳發。但這些餐廳早已消毒，相關人員也有檢疫救治。若今天還在轉發的老舊名單，就會無端影響它們的生意，對這些餐廳非常不公平，更無端造成市民恐慌，社會環境就難以和諧了。

在掌握實情後，我們該整理環境，做好清潔消毒，決不能放任骯髒的環境不管，使疾病自然傳播。當然，我們也無須過度投放消毒物質，造成環境污染！其實，如果我們好好處理生活環境，那麼反過來，好的生活環境也有利於我們安居樂業，這樣居民就能創造出跟環境的和諧共處，彼此互利的局面！

六、結語

佛教講因緣法，也就點出事物並非恆常不變，反而是永遠處於變遷之中。所以佛教講「成住壞空」的道理：既然事物不是永遠不變，而要經歷「形成、保持、變化及流逝」的過程，就像當前疫情好像很艱苦，也很漫長，從去年從底到現在，真的過了頗長的時間；但我們若明白無常，就可減少點苦惱。因為無論快樂還是痛苦，都不會永恆不變，也就是說苦日子還是會過去的。2020

年底世界在研發疫苗方面都有長足發展，相信隨着疫苗的普及，那疫症結束的日子也就不遠了。

佛教教人離苦得樂，所以也應從正向面對困境，因果不是單線的，一個因產生一個果；反而常常是多因多果，在不同時機出現成因，也在不同時機產生結果。由於因果是複雜的，也不一定能夠全然明白，所以說因果深微，難以了知。雖然我們容易感覺疫情之苦，在限聚令下生活不便，讓許多人困在家中，但到底這是坐困愁城，還是別開新局，這就要看自己的心態。所以還得善用心靈環保，建立正向的心理健康，以及處世態度。

同時，本文主張從因緣法講萬事萬物的關係，可以不能停留在「相互關連性」，而應該進一步認識它們的「相互依存性」。佛法教人慈悲，我們當明白對環境慈悲，也是對自己慈悲，這是自利利他的。從「相互依存性」可以推知世界也是互相依存的「命運共同體」。但一般我們只注意到人類的命運共同體，譬如儒家修齊治平的理想，就強調人類為中心的「蒼生命運共同體」。我認為佛教視野的特別之處，正在於突破人類中心的限制，進而發揮「眾生命運共同體」的高度。這一層次的關懷範圍，就能顧及所有能夠感受苦樂的有情眾生，並連帶關懷眾生生存的處境。依照這一想法，則人們關懷的範圍，就能突破人類中心的限制，從而能推及動物、環境，乃至生態。其實，佛教徒不但關懷人類，也關心其他眾生；具體的實踐，可展現為消極的戒殺，以及積極的護生；戒殺的重點在終止不必要的殺害，而護生則在乎保育眾生生存發展的環境。凡此，也有助於保護人類的公共衞生，為防疫工作創造有利的條件。

只要我們把握善於體會因緣法，以及慈悲觀，用正念看待疫症，中道處理環境，最終即可端正心態，小心防疫，寬心自處，以平常心生活。

　　最後，本佛教教理，我們當明白無論今日如何困難，也當努力於當下，創造善因，廣造善緣，明天總比昨天好！祝福各位福慧圓滿，如意吉祥！

對　談　錄

問、結語：曾瀞漪　答：吳有能教授

對環境慈悲　就是對自己慈悲

問：環境有大環境和小環境，現在國家在談的就是青山綠水的大環境問題，「青山綠水就是金山銀山」，對吧？從大環境來說，這也是讓我們人能夠生活在一個更好的環境。我們對周遭環境慈悲，同時也是對人的慈悲，人生活在這個環境裏面就會更好、更和諧，請問您的看法呢？

答：這個當然，其實我們對環境慈悲，也是對自己慈悲，也就是自利利他。以前有一些比較偏激的生態中心主義者，比如納什（Nash），他們反對任何一種自然環境的開發，這樣的話對環境很慈悲，對人就不太慈悲了。反之，若我們爛伐濫墾，破壞環境，這也不能接受吧！所以問題在於我們如何能夠從

發展與保育中取得一個平衡。

佛教講「中道」，不要走到偏激，只講人類中心而漠視自然環境是偏激；相反，只講生態中心，而忽視人也是生態的一部分，也是不足的。如何能夠平衡保育與開發兩者呢？我們看到所謂「綠水青山就是金山銀山」，正是這種思路的一個務實的、中道的一種取向。

問：環境有很多種，有自然環境、也有職場環境，如果一些小職員，遇到不好的職場環境，該怎麼辦？比如公司的員工跟他現在賴以為生的這種、每一天要掙到薪水，才能夠維持他生活的這種狀態來看，所謂的職場環境，也牽涉到一個和諧的問題。如果不和諧，工作就會做得不好，做得不好，他可能就無法好好地修行，你怎麼看職場環境的問題？

答：職場環境是非常重要，我們提到的法鼓山，法鼓山在二十一世紀特別推出的「心五四、心六倫」，以四安——安心、安身、安家、安業；四要——需要、想要、能要、該要；四它——面對它、接受它、處理它、放下它；四感——感化、

感動、感恩、感謝；四福——知福、惜福、培福、種福等五種方法，來完成以心靈環保為首的「四環」。

「心六倫」指的是家庭倫理、生活倫理、校園倫理、自然倫理、職場倫理及族群倫理，每個人在六倫中所扮演的角色是多元的。無論作為何種角色，都要有守分、盡責、奉獻的正確觀念，時時做到尊重、關心他人，建立起「心」的倫理。其中職業倫理是非常重要的。所謂職業倫理也是一個禮儀環保的一環，甚麼意思？首先人與自我要有一個和諧，需要不多的，想要太多的，煩惱更多，就有很多爭鬥，很多錯誤的期待。

跟別人相處一樣要和諧，所謂有人就有事。人事，不能離開「人」，也不能離開「事」。從人際關係講，往往得先處理人，再處理事，這就容易事半功倍；所以必須要人際關係的和諧，稱之為「禮儀環保」。也就是說，我們必須要跟別人保持佛教裏面的「和」與「敬」的精神，對上輩要尊重，對朋輩要和諧，對晚輩要提攜。這樣的話我們不就是能夠廣結善緣了嗎？這樣做事就自然更順利了。

不過，佛弟子往往自覺跟人家要不爭，我們應該退縮、忍讓；但這其實並未充分理解佛法。佛教雖然講「和」、「敬」，但也要我們努力精進；放在職場中，我們要競爭不鬥爭、和諧求共進。我們必須競爭求發展，社會經濟才會往上，而我們自己的前程也才能夠遠大；佛教並非教人消極退讓，甚至放棄奮鬥，只是要我們要中道發展，和敬待人。當然，我們不能夠用不好的方法來勾心鬥角、拉幫結黨，這些都不合乎佛法，反而是你應處世和敬，廣結善緣。

其實，很多研究都顯示，良好的人際關係，有助於我們的發展。所以心靈的高度決定你職場的高度；而不好的環境、不好的職業環境就考驗我們如何轉變心靈，如何轉化這個環境；所以我們當努力提升自己的品質，也提高職場的環境，我想這是我們在職場方面所應該努力的。

問：疫情似乎沒有改變自然環境，只是改變了我們的人文環境，有人覺得這是一種進步，有人覺得一種退步，教授覺得呢？

答：這個問題可以分成兩個部分，第一個就是事實的問題，第二個層次是進步與退步，是一個評價的問題。事實的問題就是我們人文的環境，因為外在的環境而改變，而人的改變當然也會改變自然環境。疫情也一樣，最嚴峻的時候不少國家跟地區封城，工人都要回鄉，歐洲很多人都這樣，工廠都關閉。這時候那些地區的環境改善了，因為工廠的排污減低了，連交通都停頓了，所以車輛的碳氣排放降低了，PM2.5 檢測結果，也就顯示空氣已經變得乾淨許多了。所以我們怎麼會說沒有改善呢？

同樣道理，我們所謂的改變，有好的改變，也有壞的改變，有優化，也有惡化。比如香港人在疫情期間都要保持距離，很多人不上班，每逢假期就跑到郊外登山，這個時候我們發現，遊人帶了很多垃圾上山，又遺下很多用過的口罩，把自然污染了。所以事實上我們是對自然是有影響，也有改變；不過有優化的改變，也有惡化的改變。至於從評價來講，你說它是好還是壞，進步還是退步？就得看你的評價標準了。無論如何，我們都希望這個世界要更進步，所以我們還是應該要

回歸到儘量要保育自己的心靈環境，也要保育外在的環境。

問：確實，教授說得很對。在疫情當中，大自然空氣清新，變得更加好了。但是走在登山步道的時候，發現垃圾變多了，人的行為，有沒有真的因為這次疫情而改變？重點不是疫情，重點是人本身，怎麼去看待自己？最後一個問題要請教的是，我們講的是如何在疫境中和自然及環境和諧共處，請問「共處」是不是一個偽命題？因為我們短期能夠改變環境，但最終我們還是要去適應環境？就是說，我們短期是能夠改變環境的，但是不是最後，人類還是要去適應環境。怎麼去看「共處」這個問題？能不能夠共處？

答：這是個複合的問題，就是兩個問題了。第一個問題是關於「偽問題」，我是哲學系出身的，你問有關「偽命題」，我突然就想起很多哲學的問題。我們知道，「命題」在嚴格意義上來講，是有真偽的一種陳述，才叫做「命題」。所謂「偽命題」是我們的二十世紀語言哲學大師維根斯坦（Wittgenstein）所提出來的，他的意思就比較複雜了，我不在這裏引申。但是後來邏輯實證主義（logical positivism）他們就用來攻擊一切的形上學，因為他認為形上學的東西都不能夠判別真偽的。如果所謂「共處」是一偽命題，是依照這個嚴格的意思，那麼這提問就很難理解了；我相信這觀眾是用了比較寬鬆的意思，就是說它不是一個真的問題，是根本就沒有這個事情，那是假的，所以你不需要談這個問題，這個看法我是很有保留的，我提供另外一個看法給你。

所謂的「共處」是 coexistence，共存共處的意思，就是我們

一起來共同相處這個意思。我們從正反來講，從正面來講，共同存在。它的矛盾面就是單獨存在。那我們一起來思考，人類能離開環境而單獨存在嗎？我們也應思考，環境能單獨存在嗎？似乎只能夠有「共存」，而沒有「獨存」這回事，所以它是一個真事實，而不是一個「偽問題」。

反過來講，我們應該適應環境，但是也能夠改變環境，環境與人一樣，在佛法來講都是無常的。環境可以改變，人也可以改變，人的品質提升，我們對待環境的方式的提升，環境就優化，優化的環境讓我們有更好的生存機會。於是，人的適應就更容易。同時，我們也能夠因應自然，提升我們精神層面的轉化，我們愈轉化，對於環境愈能夠產生合理的、適當的、共融的方式，這是一個動態的辯證發展關係，而不是靜態的矛盾關係。因此，我們作為一個好的人與環境共創雙贏，一起邁向共善，不是更好嗎？

結語：適應環境聽起來似乎是消極的，改變環境不是可不可能的問題，它有積極性在裏面。在這樣的積極性當中，如果說從疫境開始，我們從人做起，從我們跟別人、跟環境、跟社會的和諧做起。這個環境確實是能夠改變的，謝謝吳教授！

（吳有能教授　香港浸會大學宗教及哲學系教授）

「講座視頻連結」

演慈

如何在「疫」境中修行

人生苦只是一種現象

　　佛說人生是苦並非消極，而是要勇敢面對接受它。修行，從字面上講，就是修正自己的行為。為何要修正行為呢？這要從「人生是苦」說起。

　　疫情爆發，整個世界都深深受到困擾，無論是政治上、經濟上、個人上，都無可倖免。佛教說人生是苦、空、無常，苦從何來？從「四聖諦」上說，苦從集諦來。集諦是煩惱、迷惑、業力。因為迷惑、執着，所以造成了很多問題，有心理上的問題，也有行為上的問題。在行為上造成問題之後，就叫做業力。「業」就是我們的行為，由善惡行為而造成的一種行為力量，行為力量可以引申出行為的後果，也就是佛教說的因果。

　　所以，「苦」是說明我們人生的現象。「苦諦」告訴我們，人

生是苦，聽起來好像消極晦暗，其實佛陀的智慧是告訴我們，要徹底地了解人生。人生苦，只是一種現象，我們要面對現實。俗話說，人生不如意事十常八九。就像疫情一樣，你不接受也得接受，至少在這個時候我們必須、也無奈地要跟它共存。佛陀告訴我們人生苦，無法逃避，便要勇敢面對，從而解決、改變，這就是佛教說的離苦得樂。

從無常苦空中解脫

既然說人生苦是必然的現象，那我們要怎樣從中解脫出來？佛陀在四聖諦中告訴我們，他說苦具有逼迫性，令人不安，此是因為集諦所具有的召感性。因為我們的煩惱、執着、糊塗、迷惑，造成了很多不好的業，因此就有苦果了。但是這個苦能不能消滅？能不能改變？完全可以。

四聖諦中，第三個是滅諦。滅，佛教有很多高深的解釋。簡單來說，「滅」是消滅，消滅苦惱。但是苦只是一個果，我們必須

從苦的因入手才能根治。所以滅苦，主要把造成集諦的煩惱、執着的那個因斷除，這樣才能從無常苦空的苦惱之中解脫出來，苦也就消滅了，這是安樂的境界。

第四個諦，道。道是修道，但是這個道，它必須有一條路，有一個方法。簡單來說，這個路是離苦得樂的路；從佛教修行的角度來說，就是修行之道、修行的方法。佛教說八萬四千法門，適合不同的人，所以這個「道」就是滅苦之道，幸福快樂之道。

佛教說人身難得，因為佛法難聞；我們做人有機會遇到佛法，所以難得。疫情正好印證了佛陀所說的「無常苦空」的人生現象。不管你是不是佛教徒，我們都必須要清楚，都不能不承認世間是無常的，它不斷在變化，尤其我們人類發展到今天，更能夠體驗到「無常」。

修行是修正自己的行為

今天的疫情真正體驗出「無常苦空」這種現象。因為不止某一個人、某一個地方的人苦惱，而是全球的苦惱，這是從來沒有過的。在人類的歷史上有沒有出現過疫症？有沒有瘟疫？有。只是在某一個地方、某一區域。但現在是全球共同的災難。我們應該怎樣去面對這個災難，也成為各國國家領導、醫學家、科學家所研究的課題，而我們一般人則在疫情中感到水深火熱，不知道如何是好，所以苦惱、害怕、恐懼等情緒便接踵而至。

大家都在疫情中受盡了心理的煎熬，心態也變得無常。最初，大家都很害怕，疫苗投入生產後可能也一樣害怕。只是最初害怕的時候，大家很聽話，乖乖呆在家裏；日子久了，就有點疲

勞了，抗疫疲勞。我們要遵守很多新的生活規則，戴口罩、消毒雙手，甚至一般的社交，走親訪友或者工作上的聚會都要減少，甚至停止。無論這種情況是好還是不好，我們都必須照做。在這樣一種抗疫疲勞的狀態中久了，大家的抗疫心態鬆弛下來，引發出了一波又一波嚴重的疫情反彈。

其實香港在 2020 年年尾已經有所改善，開始零個案、零病例。人們很高興了，又開始聚會，但是還沒有開心夠，忽然第四波疫情趕至，還不知道甚麼時候能結束。不過一定會過去的，時間問題而已。我想說的是，在「疫」境中，其實正好修行。

學習也是一種修行

佛教來說，不管你是出家的師父，或是在家的居士，一般都講修行，但是我認為現在全世界的人都應該修行。這並不是號召全世界的人都出家，都來當居士。一個人從出生到成長，都在不斷地修行，不斷地修正自己的行為。比如一個嬰孩，他並非一出世就會走，而是長大一點，開始學走路，學習生活上的很多東西，慢慢成長、改變。求學時代，幼稚園、小學、中學，他也在不斷地修正自己，知識上、行為上、思維上，都在改變。

常言道：「活到老學到老」，在不同階段都有東西要學，學習是為了生活得更好，所以學習也是一種修行，學了之後你還要去運用。上個世紀，電腦數據還沒有普及，生活也有諸多不便。但是慢慢有了科技便利之後，我們就要適應，適應手機、適應很多與數據相關的事物，不管你是甚麼年齡。你看大街上，很多老人家也拿着一個智能手機，他必須要學習。這就是修改自己的行

為，以前怎會想到把電話帶在身上？現在沒電話行嗎？也行。不過很不方便，所以手機已成為我們生活必需品了。

在佛教，修行是告訴我們，不好的我們要去改善它，令它變好，所以用佛教常用的一個詞彙來說「改惡修善」是修行，即使是好的行為，也要去把它提升，讓它更好。對應這個疫情，首先我們要配合疫情所需要的行動，至少要戴口罩、勤洗手。你到每一個地方、進入每一個場所都要量體溫、用酒精搓手，保持個人衛生清潔的，我們都要去做。有些國家地區甚至封城、禁足，我們也要跟從政府措施。

慈悲心就是給眾生快樂

在疫情當中，我們必須要改變一些生活態度與行為。從佛法角度講，我們應該怎樣去做好自己？疫情是一種困境、逆境，雖然不好，但是我們多了許多閒暇時間。上班一族，為了避免社交接觸，要在家裏工作。在家裏工作肯定減少了許多應酬、開會，以及通勤的勞累。限聚令令到必須的應酬也減少了，探望父母、探望朋友都不能去了，當然作為兒女的，不能去探望，電話問候還是需要的。不能夠歡聚一堂，反而更加經常地打電話，或用視頻聊天。平常一個星期去探望父母一次，現在可能用一種有別以往的形式；以前我們除了忙碌地工作，還要抽出時間娛樂、消遣，現在都減少了。所以家人在一起的時間多了。有些父母說，親子時間多了，在家裏共同交流的時間多了。時間多了，也正好修行。

在疫情當中講到修行，我們首先要有正向的心態、正念，起

心動念要有正能量、正面的想法，要用慈悲心、正向的念頭發揮內在的正能量。所以我們從心出發，然後把身體的行為、說話的語言，身口的行為要貫徹起來。就好像現在常說的，心，要存好心，正念的心、慈悲的心；口，要說好話，互相問候、互相鼓勵，關愛的話；身體也要做好事，例如我們遵守防疫的行動，戴口罩也是一種行動。吃東西，如果我們去餐廳進食，按限聚令要求兩人就兩人，吃的時候除下口罩，不進食的時候，馬上要戴上口罩，這也是行動，是好事。

對自己好，對他人也好，因為大眾都在擔憂。很多人說戴口罩為了自己，其實也是為了別人。我們要有慈悲心，佛教說慈能予樂，給眾生、安心。如果你看到一個人沒戴口罩在街道上走，你會作何感想呢？你會不會擔心他是一個病毒傳播者？或是有人本來是要居家隔離，卻戴着隔離手環出現在地鐵車廂內，你也一定會擔心。所以我們要給人家安心，這就是慈悲心。

佛教關愛六道眾生

「慈」是對眾生的關愛，給人家信心、給人家希望。「悲」是一種體諒包容心，對已經確診的人，我們尤其要對他包容、關懷。對於醫務人員我們也要懂得體諒，這個也是慈悲心。我們要學習慈悲，這個是我們行為上、生活上經常會遇到，也是應該做到的。另外，佛教講的慈悲是徹底的，不只是對整個人類、對世界的關愛，也是對一切眾生的關愛，對所有六道眾生都要關愛。

這次疫情最初是由吃開始，吃了不應該吃的野生動物。這件事，從因果上說不是前輩子的因果，而是現在的因果。我們應該

保護我們生活的地球，我們雖然要使用地球上的資源，但也要給它們休養生息的機會。所以，疫情引發的原因可能跟環保，跟空氣品質變差，或是環保的其他因素相關。關於吃的問題，肉食是人類很久以來就有的習慣。但是以前的人偶爾年節才吃，大多數以素食為主。經濟發達了之後，天天都吃肉食，一定會對健康造成影響，也會影響整個地球的生態。

　　佛教講慈悲，包括戒殺和素食。環保的理念跟佛教很相合，因為佛教本懷就提倡環保，提倡尊重生命、尊重地球。佛教提倡不殺生、放生，放生不是像現在人說的，隨意放生、毫無常識地去放生，而是不隨便殺生，因為每一個眾生都珍惜自己的生命。疫情中，我們也反思一下為甚麼人會有恐懼和害怕。染上致死率高的新冠病毒，染上了很可能就沒命了。你恐懼擔心，因為我們愛惜生命，動物也一樣。所以佛教提倡戒殺，尊重生命。戒殺並不迷信，是尊重生命，愛護自己的生命，愛護他人的生命，也尊重眾生的生命，所以我們提倡素食。

　　既然因為疫情不能到外面用餐，那我們應該學會自己料理食物。可以在這段時間「發個心」，甚麼心？慈悲心，學習烹飪素食的心，去研究素食的食譜，了解素食也可以有很多變化，素食也一樣好味道、很健康。在這個方面，第一，我們要付諸行動，生起一個慈悲心、學習的心。要改變，不但要自己健康，家裏的孩子、父母都健康，還有全人類都能夠健康。為環保盡一份力，為自己、為家人，用心去做，這個也是修行。

　　其實佛教一向主張素食，但今時今日的素食，除了宗教理由外，環保、健康也成為時尚。素食可以帶來身體的健康、身心的

環保，已然是不可阻擋的潮流。根據許多科學報告，未來的人類將會崇尚素食，因為身體需要。其實能夠純素最佳，即使做不到，少肉多素，也是必要的，這個也是修行。

　　現在，我們就從改變吃的習慣做起，吃得健康一點、環保一點。這也是在修慈悲心，以慈悲關懷世界，從關懷地球開始，這是根本，然後才能夠關懷人類的健康。如果沒有慈悲心，不改善我們的行為，很多想不到的災難都容易發生。2003 年的非典型肺炎（SARS），也是因為吃的問題而引發，所以此時我們的確要反省反思，是不是應該為了自己的健康、為了下一代、為地球，學習尊重生命。

念佛方法：專心及散心

　　除了慈悲心、素食之外，我們還可以做甚麼？用佛教常用的詞彙來說，我們應該做做功課了，做功課就是我們定時的一種修持。許多人平時已經發心，說我學佛了、我喜歡聽經、我覺得佛教很好、我覺得修行很好，但就是沒時間。現在有了閒暇時間，我們該怎樣運用呢？我們要有智慧，懂得安排自己的時間，享用自己的時間。

　　修行要有定課、功課，在佛教的教義裏叫修行、修心，如何修心呢？怎麼樣去修行？怎麼樣令我們的心安定下來？我提出念佛，因為這個最簡單，不用花很多時間去教。念佛其實涵蓋了一切的佛號，一切菩薩的聖號都在裏面。念佛有兩種方法，一種是專心念、定時念。每天可以念「南無阿彌陀佛」六個字，另一個念「南無觀世音菩薩」七個字。

「南無阿彌陀佛」許多人經常念，似乎「阿彌陀佛」就代表了佛教，見到師父的時候都會合掌稱「阿彌陀佛」，聽到這句佛號，跟阿彌陀佛有關，大家很熟悉念起來也容易。你就念「南無阿彌陀佛」，如果你不懂得怎樣一句接一句連續地念，你可以再給自己一個定時，每天念 10 分鐘。端身正坐，坐在沙發上也好，坐在椅子上也好，讓自己念佛，放鬆靜心去念。

　　你們也可以從念佛機裏面，找出念佛的音樂一起念，10 分鐘裏它念多少，你念多少。可以每天 10 分鐘或者 15 分鐘，如果覺得我還可以定下來，還可以靜下來，還可以念久一點，念 30 分鐘也可以，定時念。當你能夠念佛的時候，你就已經在修心、在修行。

　　當我們念「阿彌陀佛」或者「觀世音菩薩」聖號時，要專注念、

念佛方法

專心念佛

給自己一個定時，每天念 10 分鐘。

散心念佛

走路、等車、家裏煮飯、做家務的時候念。

專心去念，可以定在每天下班之後或者早上上班之前。以前上班可能很趕急，現在如果居家工作，不需要太趕，你可以先念佛 10 分鐘，晚上再念佛 10 分鐘。上下班前後都給自己一個定課，讓身心放鬆。你可以輕輕地閉上眼睛，如果家人還沒有回來，孩子也沒有回來，自己完全可以靜下來，閉着眼睛，摒棄外緣，這個是專心念佛。

也有一種「散心念佛」，就是走路或乘車、等巴士的時候。在等的時候、坐車的時候安靜下來念，念的時候雖然不能夠百分之百專心，因為總要分心去關注哪一站下車，但是在這樣的環境下也可以念佛。甚至行住坐臥都可以念佛，在家裏煮飯的時候、做家務的時候也可以念，練習用一句「阿彌陀佛」或者一句「觀世音菩薩」安定自己的心。相信佛陀，相信觀世音菩薩能夠加持我們。

無論是專心念佛，還是散心念佛，都能夠用我們的身口意（身業、意業、口業）來調適內心，使我們的身體、心念都專注在佛號當中。你可以計數，也可以用劃定時間的方法，這樣身心安定，自然擔心就會少很多。

誦《普門品》、《心經》安頓身心

除了念佛、念觀世音菩薩的聖號之外，還可以誦《普門品》。《普門品》裏面有說到：「若有無量百千萬億眾生受諸苦惱。聞是觀世音菩薩。一心稱名。觀世音菩薩。即時觀其音聲。皆得解脫。」我們念「觀世音菩薩」的時候，會想到觀世音菩薩「千處祈求千處應，苦海常作度人舟」。一般人即使不懂得或是沒有真正學佛，他也知道觀世音菩薩，了解觀世音菩薩會護佑我們。我們

心裏有了安全感，才有定力有力量。

除了《普門品》，也可以誦《心經》。《心經》也是觀世音菩薩的法門，「觀自在菩薩。行深般若波羅蜜多時。照見五蘊皆空。」能夠除一切苦厄。也希望透過念誦《心經》讓自己安定下來，可以度一切苦厄。誦《普門品》、《心經》，可以找有文字的經文，跟着它一起念誦，好像念書一樣，慢慢一句一句念，這樣堅持念下去，通過這種修行安頓自己的身心，同時祈求疫情早日過去，也可以祈求個人平安、全世界能夠平安吉祥。

遵守戒律更能去除業障

誦經或者念佛的同時，如果你能夠持戒，則更殊勝。在佛教而言，受持五戒。以吃素為例，即使不能夠做到完全吃素，至少你每天吃一餐素。若能夠誦經、念佛或者遵守戒律，久而久之就會產生慈悲心和智慧力，二者融合起來，慢慢地我們就會去除執着，就能夠通過念佛、誦經消除業障。

除此之外，當然還可以靜坐。就是佛教的禪修，靜坐就是靜下來，關注自己的呼吸，同時也可以靜坐念佛。現在香港以及全世界很流行「靜觀」，靜靜地觀察自己的身心。靜觀起源就是佛教的一種基礎的入門禪修方法，大家可以去體驗一下。

疫情是客觀存在的事實，我們無力改變，但可以趁着疫境把它變成一個正能量，提升我們每一個人的慈悲和智慧。我們也能夠透過發慈悲心，提倡素食，以傳達愛護眾生、愛護地球的新理念；亦可通過誦經、靜觀，一起好好地修行，能夠得到佛菩薩的加被、護佑。希望每個人通過這一次疫情更懂得珍惜自己，學佛

修行改變不好的行為。疫情雖不是好事，但是把對它的恐懼，轉化成我們每一個人所具有的正能量，世界就會充滿正能量，如此大家都會平安幸福，祝福大家。

對 談 錄

問、結語：曾瀞漪　答：演慈法師

問：從 2020 年年初起，很多人離不開的就是口罩，所以有些人戴口罩、每天要洗手，其實是害怕的體現，但法師說，戴口罩或者是洗手其實是慈悲的一種表現，真的是念頭一轉，產生的力量真的就大不一樣了，是吧？

答：對的，心態很重要，只要你的心態認為我們是健康的，我們要做一個健康的人，對自己好，對他人也好，為己為人。這也是一份功德、也是一份修行。

問：您說人生是苦的，這句話我聽了特別高興。這個星期不管是我工作做得好，到甚麼程度，又或者說是不是獲得年終獎金，但聽到您這句人生是苦的，我就非常地快樂。因為我覺得只要我做到一點點事情，讓我覺得能夠稍微離自己以前覺得的苦更遠一點了，我就覺得真是快樂的一個事情。

答：對，佛教講人生是苦的，就是告訴我們現實是這樣，要勇於面對。當你遇到苦的時候，本來就是苦，沒甚麼不了起。可能有人比我還苦，我就要努力。最重要我們要有積極的心

態，有一個正念的心態去接受它，必須要接受。接受之後你就有勇氣去解決它，這個是重要的。

問：以後人家問我，瀞漪你快樂嗎？你最近好嗎？我會說，我沒以前那麼苦了。

答：對，這個苦是一個果，是已經發生了，但是我們怎麼樣在源頭那邊解決它，這個才是關鍵。

問：如果哪天我說了不好的話，讓別人困擾了，我想修復關係，可對方卻不接受，在這個過程當中我究竟要如何去修行？我們應該如何看疫情期間人跟人之間關係的業力問題？

修補業力不能強求

答：人與人之間的關係問題，的確不容易解決，但只要有心，一定可以解決。如果我要跟一個人溝通，應該存着一顆謙卑的心，謙虛一點，靠時間去打動他。不可能說我現在跟你和好了，我跟你講和了、或者我跟你講對不起了，你就必須要原諒我，不可能。也要看摩擦有多大、鴻溝有多深，如果真的

很深,你也只能做好自己,做到以後對人有禮貌,做好事、講好話,態度好一點,這個先表現出來。

人家還要觀察你是否真誠,對不?看到你的行為,慢慢地即使他口上不說,心裏也覺得這個人跟以前不同了,這就是一個效果。不能要求人家立刻理解我,你要求理解是很難的,所以你不能夠向對方要求,只要做好自己。先從改變自己開始,即使他再誤會我,那我也要繼續做好自己,讓這個事情擺在他面前,他總有一天會感受到。如果你要求他理解,你就想要改變他,改變別人是有點困難的,這個真的就是強求。

問:在修行當中,如果要修補人跟人的關係,前提不是在於誰對誰錯,而是在於我們自身的改變,作為一個修行人、一個佛弟子,我們要通過誠意來化解隔閡和誤解,而不是強求對方。

答:對。如果強求,自己難過,對方也難過,不是最佳做法。

修行講求做好自己

問:在修行當中,我們如何確認自己這段時間確實有進步?以甚麼樣的結果來衡量進步?

答:在佛教裏面有個反省的法門,叫「懺悔法門」。我們每天檢視一下自己,怎麼樣叫做固執?我有沒有很執着?這個不容易,因為執着的人不覺得自己執着。所以如果整天想如何進步,對修行來說有點壓力,應該只問耕耘不問收穫。否則你一直講「我要進步」,要進步是對的,我還可以做得好一點嗎?是可以。如果你問我今天給自己幾分啊?如果我開始的時候 40 分,下次就要你給我 50 分,修行不是這樣子,有壓

力未必會做得更好。

所以修行來說，只要自己做好。用甚麼呢？用「十善法」。包括：「身」三善法——以「護生」離「殺生」、以「布施」離「偷盜」、以「戒淫」離「邪淫」；「口」四善法——以「誠實語」離「妄言」、以「柔軟語」離「惡口」、以「調和語」離「兩舌」、以「質直語」離「綺語」（花言巧語）；「意」三善法——以「不淨觀」離「貪欲」、以「慈悲觀」離「瞋恨」、以「因緣觀」離「愚癡」。

修行是修正自己的行為。比如，你覺得自己最大的問題是沒有禮貌，每天上班時見到人，有打招呼嗎？還是選人打招呼？還是進入辦公室才打招呼，門外那些人和我無關。所以，我要學習打招呼。其實要改變自己，就要看看自己的弱點。當然，有時和人家打招呼，人家不理我，我也要跟他打招呼，就從這裏開始。最初，人家可能不理解，可不管人家怎麼想，慢慢他就會覺得你很有禮貌，這就是只問耕耘，只要求自己。

問：所以我們不用太計較別人說甚麼，做好自己就好了。

答：對。如果要計較的話，比如很多人都說你很驕傲，那你就要反省了，我自己沒驕傲，為甚麼人家說我驕傲？可能我太酷了，或者平時講話笑容不夠，自己就改變一下。做一個笑容的布施、做語言的布施等等。

問：有些年輕人，他們根本不需要跟你有太多交集，他們有自己的圈子。比如他根本不需要跟我們打招呼，也不需要彼此打招呼，為甚麼「打招呼」這件事，顯得是人與人之間很重要的

一件事情，打招呼真的很重要嗎？

答：你可以說重要，也可以說不重要。其實不是人家需要不需要，而是我們自己練習，早上上班，如果有一個人一進到辦公室，就說一聲：「各位早！」大家會馬上醒一醒神。

問：氣氛瞬間不一樣。

答：對呀！如果三、四個人進去，閉上眼睛，裝做睡着，即使睜着眼睛，也不一定要和你打招呼，一進去的時候說聲「早上好」，整個氣氛就不同了。即使沒有人應你，沒有人反應，你也覺得很舒坦。

問：好像有一朵花突然開在眼前的感覺了。

答：所以你說重不重要，至少你自己覺得沒有這麼沉悶。可能現在的年輕人說，沉悶就沉悶，管他呢。那就沒轍了。所以，如果平時沒有打招呼的習慣，不妨做個實驗，不但自己覺得舒坦，也會給別人帶來好心情。

問：也就是說，對於人跟人之間的關係，不是在於我們做了甚麼之後，別人要有回應，而是在於，因為我們是一個修行人，是一個願意讓社會感到更舒服的一個人。

答：可以這麼說，當然這個是對自己好、對人家也好，至少沒有傷害。但是不好的事就不能去做，好像一個人突然間講些不該講的話，也不好。

問：不是為了活絡氣氛而去說些甚麼話。

答：現在的年輕人見面就開始玩手機，這個時代確實是這樣的，你也不能夠要求每個人都照自己的想法做。這個時代的環境，只要沒有傷害別人，也要體諒別人的自身需要。現在人

如何在「疫」境中修行

為甚麼忙？因為手機在身邊。如果是在以前，你離開辦公室就不用聽電話，現在時代變了、形勢也變了。所以，很多人說疫情過後，很多常態也變了，學習的常態、工作的常態，也會變成一種常有的現象。這個好不好？就看我們怎麼樣去運用。

問：未來社會確實會產生一些變化，但是對於修行人來說，終究是一定要向前。那麼修行最怕的是退轉，甚麼樣的原因會導致我們的修行退轉？如何不退轉？

有同行善知識很重要

答：很多原因都會導致退轉，其中最大的一個原因就是自己心不堅定、懈怠。佛教裏面有一句話經常說，我們要親近善知識。當你想退轉的時候，有人在旁邊鼓勵一下，自己用功一下；你懈怠了，人家經常鼓勵你，你還是要站起來，慢慢地元氣也恢復起來了，這個很重要。所以經常親近善知識，就是親近良師益友。佛教徒也好，普通人也罷，有一些良師益友，很重要。他會鼓勵你，即使是不同的領域。所以對於修行來說，有同行的善知識很重要。

問：我們如何確定這個人是我的善知識？有人陪我逛街、吃飯，是我的好朋友，但他是不是我的善知識呢？到底甚麼人才是我的善知識？

答：那就要視乎情況了。最重要的是在交流當中，大家如何互相鼓勵。如果你很用功，我說：「不用這麼用功，得快樂時且快樂，人生苦短」。好像說得沒錯，但你放下正事去找快樂，

結果你的功課沒做完、項目沒做完，果報馬上就出現了。項目不及人家的好，老闆說：「你再去改」，那時候你就知道，這個人不是你的善知識。

當然，如果有久未聯絡的朋友約你，不是他鼓勵你不去工作，而是你覺得他遠道而來，久未見面，「有朋自遠方來」，還是要見見面，那種情況又不同。這個是你自己的問題，你自己沒有處理好工作就去赴約。所以這個和吃飯、聚會問題不大，重要的是對方如何引導你。有時候，當我感覺動力不足，他能夠鼓勵你，這種善知識我們很需要。

問：善知識，就是可以幫助我們更加地努力和精進的人，在我們要努力精進當中，遇到一些人會讓我們退轉的，那就肯定不是善知識。

答：可以這麼說，所以是不是善知識，還要自己有智慧去認知、去辨認，這很重要。我們學佛，就是要從佛法中獲得智慧。

人造肉自有其功能

問：這次疫情給了人們很多思考、很多修行的體悟，特別是環保潮流。我想請教的是，現在人造肉也是一個環保潮流，您怎麼看人造肉未來的趨勢？您個人的看法又是甚麼？

答：人造肉，聽起來是好的，因為它引導人少殺生，理念是好的。但是我不知道它用甚麼製成，製造的過程環不環保，這個我不敢說。但是單單從表面來說，人造肉能讓那些喜歡吃肉，以及很難改變這種習慣的人，有個好的選擇。

有很多佛友很發心，甚麼都好，可叫他不吃肉就不行。後來

有了這些所謂素食料理，他說還可以，從此便吃素了。吃素之後，他慢慢地也不是一定要有素料才吃。當時不是叫人造肉，叫素食料理，不是瓜、不是菜，而是一種豆製品。那些素食對我們來說，不覺得很吸引，但對很多人來說，他們覺得吃東西就是吃味道。

豆腐也有一百多種做法，不同的地方，煮的豆腐也不同，比如我就挺喜歡吃日本豆腐，我不覺得是豆腐，就覺得跟我們平常的豆腐不同。所以你問人造肉好不好，基本上對於普羅大眾來說，它多了一種口味，也是好的。當然，要求他能夠健康一點是好的，有人造肉這種素食製成品、現成品，對普羅大眾來說，對不認識素食的人、不懂怎麼樣去煮素食的人，還是有它一定的功能。

問：法師，您在平常生活當中不僅要弘法，而且還要教書，見很多人，在疫情當中，您是否發現人們特別願意審視自己的行為？比如說他的過錯、他的貪瞋癡，人們願意在疫境當中有更多的反省嗎？

答：我沒有特別去統計，不過我聽到以及接觸到一些人，他們反省的心還是比較強的，至少他知道苦。好像你說聽到苦就很歡喜，因為你會從中反省，他也知道真是無常。所以他反而用功，不是為了要祈求平安，而是他覺得人生既然無常，我就好好地把握自己可以享用的時間，好好用功。這樣做的人也多，所以這也算是一種反省。

我認識一家人，他們都信佛，忙着做生意，整天香港、內地兩邊跑，一個星期回來一次，見面的時間少，交流溝通還是

有的。因為疫情不能去內地，生意少了、錢賺少了，他還覺得沒甚麼，反正他們自己的生活也簡單。現在他們過去沒時間做的事情，比如看經、讀經，很多書都翻出來看，反而多了交流。因為大家都信佛，從閱讀當中、看經當中，甚至從自己的經歷當中，大家都可以交流。平時不是不想交流，而是沒時間，所以他們覺得疫情期間，對他們來說還是挺有收穫的，並不覺得有甚麼問題。不會有一種「抗疫疲勞」，反而說，我是「抗疫精進」了。

疫情成就大家的進步

問：疫情當中，每個人都有自己不同的應對之道。再請教法師，平時法師特別忙碌，疫情期間是不是沒有那麼忙碌？如何修行？

答：疫情當中，我可以說不忙碌，也可以說忙碌。不忙碌是少了開會、少了一些外面的事務，但是有些事情還是要做的，透過視頻和網路。羅漢寺年初三就封寺了，北角的講堂年初七也關閉了，中間有過短暫開放。所謂封，就是我們把山門關起來，善信不可以進來。我重新調整時間表，每天一個時段、一個時段地靜坐。這個月靜坐，下個月就誦經、念佛，靜下來的時候也要找一些事情做。所以我們每天一個小時出坡（工作），然後靜坐、誦經、念佛。晚上我們有自習課，自己用功，看書或者視頻，定下來。這樣的規律很好。寺廟裏也有工作人員、有義工，他們可以來，但謝絕所有訪客。二月、六月觀音誕的時候，信眾也不能來。

所以我們忙甚麼呢？講經停了、各種班都停了，我們就錄播。法會、定課我們照做，但是信眾改在網上參與。錄播其實也有壓力，要定時。我以前在羅漢寺沒有講開示，現在每次開始時要講 15 分鐘。我要準備，總不能每天論調都一樣。我們山上的師父都很好，除了該做的功課，多了上午的誦經時間，後來我說下午的靜坐時間我們都要定下來。可以說，從疫情爆發後，修行基本上都沒有斷過，大家也覺得很好，我們原本也不是每天得空就去逛街、吃東西，就是日常的生活，對於我們出家人來說，還是調整得相當好的。

問：也就是在疫情之下，防疫避疫是最重要的事情，除此之外，其它該做的功課、佛堂運作，包括法師們該做的還是持續地在做，只是減少跟外界接觸而已。

答：是，沒有跟外界接觸。我們好像處於一種半閉關、靜住的情況，這個也是另一種收穫。有很多人問，在家很悶怎麼辦？比如有孩子從外國回來，天天悶在家裏。我說，你教他念佛，不管他肯不肯，你叫他念，不念就算了。他們說反正沒事情做就試試，結果試得還挺好。

問：親近佛法，讓大家都有機會，對佛法有更多的認識。

答：可以這麼說，所以事情發生了，我們總要面對，總要想我們怎麼樣可以做得好一點。

問：現在沒辦法去寺院，沒辦法面對面共修，透過網上修行會不會打折扣呢？

答：不能說修行會打折扣。這要看個人，有些人覺得以前我時間不合去不到，但現在任何時間都可以回顧我們早上的直播，

他們也覺得方便多了。開始時也挺辛苦，因為我們沒有準備好，幸好之前就有現場直播的經驗，後來慢慢改良。我們的隊伍也在這方面用心去改良，這也是在疫情下，大家的一種進步，跟上數碼時代的進步。

問：很多法師不得不適應疫情，所以弘法更加方便現代人的習慣，以前用不慣這些科技手段，現在一定要用，反倒促使弘法更加便利。

答：可以這麼說，修行會不會打折扣呢？所以只要你用心去做。法會直播時，我發現許多信眾，我們念多久，他們就會念多久，非常用心，所以折不折扣就看個人。有了科技方便了很多，即使是效果會打折扣，也必須去做。比如學生上課，你說面授好還是網課好？各有長處。當然從學校角度來說，他們覺得是面授比較好。但是從學佛角度，我覺得現在的環境必須這樣，如果能夠用心去做，一樣可以受益。

結語：修行不退轉，其實不是靠別人，是靠自己。在這些不退轉的過程當中最重要就是：第一，你要找到善知識。第二，在過程當中，其實現在有很多的方法，疫情之下不是只有去寺院才能夠修行。電腦一打開，佛法就在身邊。我們把握這個機會，疫情之下做好更多的修行個人的事情。

（演慈法師　香港佛教聯合會秘書長　羅漢寺住持）

「講座視頻連結」

如何在「疫」境中修行

如何在「疫」境中踐行夫妻和諧相處之道

楊勳

　　2019 年 10 月開始至今，整個世界都無法擺脫新冠肺炎病毒的影響，全球人民仍然未能回到正常的生活當中。社會上因此產生種種問題，如人與人之間的關係等。在進一步探討夫妻和諧相處之道前，讓我們先溫習一下佛教的一些基礎道理。

　　很多人，特別是現代社會的年輕人，覺得佛教很神秘、深奧，當中其實有誤區。佛陀在兩千多年前已經預言，這個年代是「末法時期」，指釋迦牟尼佛講的道理到了現在這個年代，在社會的影響會比較低、比較少，因此說是「末」。不光是信眾，就是很多傳播者都有誤區。現在大部分人講的佛經，為了吸引聽眾，講的都是一些「名牌」的佛經。不但在生活裏人們追求名牌，講經上都相類似。現在大部分人都是講經中之王：如《金剛經》、《妙法蓮華經》、《華嚴經》、《地藏經》等厲害、頂級的佛經，這些佛經裏

的道理比較深奧，如果你不了解佛教的一些基本功，會覺得比較難理解。甚至有時候因為經文裏有很多地方不能用言語表達，最終會用一句「不可思議」來形容。實際上，很多東西是不能以言語去表達，是不能解釋清楚的，現代科學都是同一道理。

我們經歷過工業社會和現代的信息社會，現代的信息社會，在 50 年前可以說是不可思議的。記得在中國改革開放初期，我在中國內地需要打電話，當時能打電話已經是一件很厲害的事情。在辦公室的 3,000 平方米範圍內講電話，所有人都可以聽得見，那應該說是在「喊」，不是在「講」。現在基本上每個人手上都有一部手機，有些人每年都換新款手機，甚至有些人會同時擁有幾部手機。這是一個甚麼年代？是信息的年代，每人都有自己的信息，現代科學把人們的信息連繫起來。

佛陀講過，每一個人都有自己的信息，就如我們的名字，我們聽到那個聲音，聽到那個信息，就會有反應。手機和信息在 50 年前來說是不可思議的事情，然而在幾千年前，釋迦牟尼佛已經

發現了這些概念，他發現了宇宙裏的一切規律。釋迦牟尼佛知道人類很愚昧，當佛陀發現宇宙的現象和規律後，便向我們講解，說明緣由，該怎麼防備沒有出現的現象和規律，如果出現了又應該怎麼處理。讓來到這個世界的人能夠活得相對好一點。

釋迦牟尼佛談及「死」，在佛教裏一般都將「死」稱為「往生」。人是不會死的，靈魂是不會死的，我們都有「過去」（前世）。我們的身體只是一件衣服，在這一輩子便穿了這件衣服。這是一個比喻，相對前世，我們只是換了衣服。人沒有換，並沒有改變，只是時間的改變。下一輩子我們會穿另一件衣服。我們一定要明白，知道這個規律是怎麼樣的，該如何去面對。

很多時候，人為甚麼會這麼痛苦？因為我們不明白箇中道理，只跟着現有的知識引導，例如現代西方的科學知識。

每個人都離不開物質和精神需求

現代人離不開兩種需求：物質需求和精神需求。人要生存，離不開物質，如果沒有食物，我們活不了。很多人把時間精力放在追求物質。西方的科學家運用技術和知識來幫助我們更容易獲取物質，特別是在過去的幾百年來，由工業文明發展到信息文明，幫助我們解決了這個需求。

人的另一種需求是精神上的需求，人類生存需要靠物質，物質看得見摸得着。然而精神需求是看不見摸不着的，是一種感覺。一個人活得好不好、開不開心，是一種感覺。引用一個簡單例子，你罵了人，人家自然就會回罵你。當你覺得這是應該的，你便不會生氣了。又如我們借了人家的錢，就需要還錢。人家來

向你討債，你會不高興；如果你覺得這是欠人家的債，你還債，你便不會不高興，甚至是不能夠不高興。

現代社會的人是物質的附庸，物質上我們是富翁、有錢人，但精神上我們卻匱乏得很，像一個貧窮的人。人為甚麼會不高興？因為我們沒有方法解決這些問題，如果你能夠花時間研究，明白這些道理，那麼你在精神上、感覺上就不會不高興了。

每個人都離不開六塵

舉一個例子，桌上有一個杯子，右邊的人看到有把手，左邊的人看到沒有把手，他們講的是對還是錯？都是對的。因為大家的角度不一樣。

又如為甚麼要有這個杯子？因為我們要喝水；為甚麼杯裏有茶？因為想味道好；為甚麼會用瓷器做杯子？因為想好看；為甚麼它叫杯子？因為要跟其他東西有分別，所以取一個名字；為甚麼會有杯子？因為我們有眼睛，閉上眼便看不見杯子，睜開眼就有杯子了，它本身就在那裏。

我們有眼睛能看見景物，有耳朵能聽到聲音，有鼻子能聞到氣味，有舌頭嚐到食物，有身體能感受物件，我們有意識去想東西。這就是佛教經常講的眼、耳、鼻、舌、身、意。有這六根，就產生了六塵。因此，就有了色、聲、香、味、觸、法。這些是最基本的道理。

幾千年以前，釋迦牟尼佛已經告訴我們，因為我們是人，離不開這六種東西。有了六塵，就產生了六個「果」，所以帶出很多問題。

不管你是不是佛教徒，我們都要相信「因果」，因為我們沒有辦法脫離或迴避「因果」。人或動物都一樣有「因果」，區別只在於人有思想，是「萬物之靈」，動物的腦筋卻沒那麼靈活。植物也有生命，但牠們沒有靈魂，不會轉化。

《善生經》的由來

釋迦牟尼佛是佛教的起源人，講經講了 49 年，《善生經》是其中釋迦牟尼佛講過的基本佛學經典。釋迦牟尼佛修行得道，知道「因果」的道理，廣向眾生講說。要積累福報，就要從布施開始，從供養開始。

這是一個簡單的道理，如果我們的銀行戶口裏沒有存款，還能提款嗎？我們這輩子有沒有錢，就看上輩子有沒有存錢。我們也希望下輩子可以較好，所以這輩子就需要多存點錢。存錢的方法是甚麼？就是布施、供養。

釋迦牟尼佛為了幫助世人積福，在修行時帶着弟子在王舍城裏，每天上午去討飯，讓世人有機會去布施，有機會為下一世存錢。經過樹林時，看見一位年輕人，他每天天亮前都向東、南、西、北、上、下六方叩頭。釋迦牟尼佛看到他這麼用心，本着一顆慈悲心，去問他：「你為甚麼每天早上都在這裏叩頭？你叫甚麼名字？」

年輕人說，他叫善生，是婆羅門族。婆羅門族當年在印度是貴族，家裏有點錢，是父親傳給他的。父親告訴他：「孩子，你有錢財，需要懷着感恩的心。父親曾帶着兒時的善生在樹林裏叩頭，他便依着父親的意思去做，沒有詢問原因。他認為自己現在擁有的一切都是父親給的，因此他相信父親的道理。

釋迦牟尼佛問年輕人想聽他的看法嗎？善生雖然年輕，知道釋迦牟尼佛是一位大長者、大智慧者，當然願意聽他的意見。《善生經》便因此而來。

釋迦牟尼佛說，我們應怎麼理解這六個方向：「云何為六方」？佛說人們之間的關係主要有六種，六方代表人世間的相處之道。

東方　　父母。沒有父母便沒有我們，有父母才有我們。

南方　　師長。我們的生活需要知識，要有老師教育我們才得到知識。

西方　　夫妻。我們要生活，離不開要成家。

北方　　親黨、朋友、兄弟姐妹。

下方　　傭人、僮僕。

上方　　沙門、婆羅門、諸高行者。

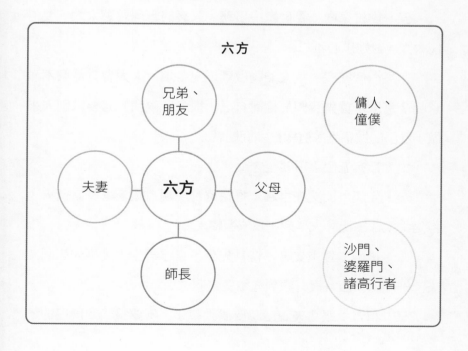

建立和諧家庭的五項要點

我們做任何事情都要有規矩，沒有規矩便不成方圓。一個家庭需要有規矩，當先生的要有先生的規矩、方法、制度，當太太的也有制度，有了制度，才有標準。現在經常出現的家庭問題，都是因為沒有規矩，夫妻間都覺得「我就是領導，我說了就要算」。這樣會造成很多不公平。

釋迦牟尼佛說，丈夫應怎麼對待太太：

一、相待以禮：對太太要有禮貌，要尊重太太。

二、威嚴不闕：丈夫是一家之主，太太要聽丈夫的觀念。丈夫要莊重威嚴，親密但不放蕩。

三、衣食隨時：需要負責家庭的經濟，不能夠家裏沒飯吃。

四、莊嚴以時：要供給太太生活所需，適時滿足太太打扮的需要。

五、委付家內：委付家中事務，家裏的管理要聽太太，要信任太太，對她忠心不二。

如果一個家庭，丈夫能夠做到以上各項，太太會有甚麼不滿意嗎？意思是首先我們要檢討自己，很多時候我們老要求別人來做，自己卻做不到，這樣很多問題就來。

太太都有五個事項要遵守：

一、先起：比丈夫早起，操持家務。現今很多家庭有傭人，但是太太都應比丈夫早起，養成習慣。

二、後坐：尊重丈夫，待其先坐，自己再坐，凡事先想到丈夫。好吃的東西有沒有想到先給丈夫吃？

三、和言：跟丈夫說話時要溫柔和順，不要整天凶巴巴的。

不能因自己不高興，就要丈夫聽命於自己。如果丈夫遇到不如意的事，或者工作壓力，太太惡言相向，肯定就會吵架。

四、敬順：對丈夫恭敬隨順、忠貞。現在為甚麼離婚率那麼高？因為大家不能互相體諒，容易發脾氣。

五、先意承旨：善解丈夫心意，為其着想。當丈夫遇到困難，太太應該開解他，鼓勵他。

如果大家能實踐以上方法，夫妻關係定必和諧。

學會換位思考，讓心情變好

在「疫」境中夫妻要和諧相處是有方法的，釋迦牟尼佛兩千多年前在《善生經》中所講的道理就是很好的案例。在當今社會，我們把精神都放在與物質需求相關的工作中，回家時已經很累了，吃飯後便睡覺。夫妻相處時間可能較短，更沒有關注及理解對方精神上的需要，用了不正確的方法來處理家庭問題。如果困難比方法多，那肯定有問題了。如果能多換位思考，便了解沒有甚麼比夫妻團結、相親相愛、互相體諒更重要。這樣的家庭生活、夫妻生活才得以改善。

當父母的、當子女的該怎麼做？跟朋友應該怎麼相處？對師長、下屬；對一些修行人、高人應該如何尊重他們？《善生經》中也有很好的表述。道理很簡單，常常對照自己，不斷檢討自己，一定會有所啟發。

對 談 錄

問、結語：曾瀞漪　答：楊勳居士

問：在談論夫妻如何和諧相處之前，想先請教您認為人為甚麼要
　　結婚？

答：結婚是傳承，因為人需要傳宗接代。何解為了傳宗接代就要
　　結婚？我的理解是，因為社會需要和諧、穩定，必須要有制
　　度。如果制度不好，可能會亂套。我們的社會需要傳承，因
　　為有家庭，大家生活的秩序可能會更好。現在的法律規定是
　　一夫一妻制，這樣會令社會比較有制度，比較和諧。

問：您怎麼看現在和以前結婚的差別？怎麼看現代對於結婚的
　　定義？

答：這個主要是社會上的定義。現在的法律制度是一夫一妻制，
　　是一個規定，這樣比較容易理解。在社會裏做任何事情，沒
　　有規矩不成方圓，如果有制度，大家就需要遵守，社會才容
　　易和諧。為了我們生活的秩序，便一定要按照社會制度的規
　　定，才會和諧協調。談到同性婚姻，大家會不會接受？像我
　　是個佛教徒，以佛陀的教導，最終目的是要脫離六道輪迴。
　　不光說不要結婚，甚至不要做人，這太痛苦了，這是我們的
　　最終目的。

問：對修行者來說，對佛教徒來說，有些人甚至不稱夫妻，稱同
　　修，對吧？

答：是。因為人是有感情的，為了可以更好地修成正果，很多修
　　行人會選擇不結婚，甚至不要在家。

報恩還是還債

問：我們應該怎樣尋找對象，才能在婚後不會出現更大的紛爭或者摩擦？

答：剛才我提到「選擇」，因為我們是佛教徒，明白能成為夫妻，不是完全自己願意選擇的。如果你再問我，能重新選擇，會不會結婚？這是一個很大的問號。所以說，為甚麼要修行？最終不光是不要結婚，甚至不要做人。這是我追求的目的。至於怎樣才能夠選擇一個好對象？能成家就是因果，迴避不了，暫時我還沒有一個好方法可以跟大家分享。

問：你的意思是現在結婚的原因，是因為要還債嗎？

答：不一定是還債的，也可以是報恩。兩個人的相處有報恩，也有還債。佛教裏說，既然你的因緣是這樣的話，應考慮怎樣去明白它，怎樣去處理它。不光是夫妻，父母也好，子女也好，與人相處都是同樣道理。《善生經》裏講得挺好，只要我們明白了，怎樣去把它處理好就可以了。

婚姻的因果關係

問：既然您相信因果，覺得這輩子結婚對象的選擇，當中是有因緣的。您前幾輩子應絕對不會只有一個因，有緣跟您這輩子結成夫妻的，絕對不會只是一個人而已。那麼應當如何選擇？相信別人都有這樣的疑問。在談夫妻和諧之道的時候，婚前的選擇就已註定了，那麼該如何選擇一個因緣當中最好的選擇？

答：在我修行的過程中，有一點可以跟大家分享。只要你能夠不斷去做一些對別人有貢獻、有幫助的事情，自然就沒有干擾你的事物。在我的人生裏，以前經常遇到很多問題，令我沒有辦法去預估。後來有一段時間我發現周圍的人好像跟我相處得比以前好。當中有甚麼道理？我曾經跟一個老法師交流討論我們每個人都有的信息，還有護法的幫助。如果我們的信息愈來愈好，那不好的信息就會遠離我們。如果你能夠不斷償還給你的債主，或者多做一些法事去超渡他們，令他們都能夠走到最快樂的地方，他們就不會來找你了。

舉例說，你欠李嘉誠 100 萬元，如果你不還錢給他，他會不會向你追債？如果你欠一個自己錢都不夠花的人，你欠他 1 萬元，你不還錢，他會不會來找你？那就看你的緣了。如果你能夠把工作做好，把問題處理好，來干擾你的怨親債主就相對少了，你的麻煩也隨之減少了。

因緣無法改變

問：說到孩子，他們會有自己選擇的方式，有自己喜好的對象。

作為父母，對於孩子選擇對象時，您有甚麼建議？

答：當我們連自己的選擇都沒有辦法掌握，孩子的選擇就更加沒
有辦法了。如果硬要去想的話，那不就給自己添麻煩？人
生裏已有這麼多問題，我們不要刻意去改變它，因為這是因
果，我們改變不了。但是有個方法可以幫助我們去適應它，
處理它。這樣會快樂一點，生活愉快一點。

問：當晚輩選擇對象時，您會給予參考建議嗎？

答：有機會的時候，會跟他們說一點道理，但說得太多便不太
好。現在跟年輕人相處，不應該講太多道理，提太多個人建
議，他們只會對你反感。現在信息太多了，當他們願意來問
我，我便會給予意見。如果他們不問，通常都不會給意見。

問：如果你明明看到晚輩選擇的對象，最終會是分開的，甚至結
婚後最終會離婚，您都覺得應該讓他走一遭，不應該強迫他
在結婚之前就斷了這個緣，應該讓他去碰撞一下？

答：以我們修行人來說，分開不是一個問題。分開不就是因為因
果嗎？分開就分開吧。他如果再婚也沒有問題，這也是因
緣，只是我們的觀念能不能接受？既然如此，我們為甚麼要
勉強改變它？

問：我們繼續往婚姻層次來探討。剛剛您提到婚姻是為了傳承，
為了社會的秩序。您認為婚姻對於個人的修行，可以起到甚
麼作用？很多人在婚姻當中是互相折磨的，您覺得這是一種
修行嗎？還是說，婚姻必定要走向一個和諧的道路才叫做
婚姻？

答：在《密勒日巴尊者傳》裏，密勒日巴尊者在藏地是一個很大

的修行者，他的師父給他很多磨練的機會。如果你覺得這是「折磨」，那你是痛苦的；如果你覺得師父在「訓練」你，那便是給你機會，應該感恩。在我們的人生裏，要有感恩的心，不管順緣也好，逆緣也好，都要感恩。如果一個人能夠抱着一顆感恩的心去過這一輩子，相信一定會有成就。

問：剛才您談到夫妻的對應之道，先生應該怎麼對待妻子，妻子應該怎麼尊重先生。可是在現今這個時代，有一句話「女人能頂半邊天」。從這個角度來看，包括個人的工作能力和收入來說，女人都能夠跟男人平起平坐，甚至贏過男人。從這個角度，您會怎麼看？

答：婚姻的摩擦就出現在這裏，問題是你會怎麼處理。如果一個女人能頂半邊天，能力比男人還要強的話，既然成為夫妻，為甚麼男人一定要讓女人按以前的方式去做？男人還是要堅持的話，只會是逆緣，那會增加問題。其實有一些夫妻相處得很好，不一定是男人主外，女人主內。有時候可以交換位置，只要大家明白這一點，才能夠家庭和諧，生活得愉快一點，這才是最重要的。作為女性，如果你的能力比丈夫強，在家裏你還是能夠做到女人所謂主內的工作，你說你的丈夫會對你怎麼樣呢？我估計一定會有結果。不要因為我的能力強，你就必要聽我的。如果一個人能夠在修行的道路上放下自己，在外面，是個能幹的女性，回到家裏，還是個家庭主婦，能夠把家顧好，我相信家庭一定會和諧。

問：現在的女人在外即使很能幹，可能是公司主管或是部門大主管，但是回到家裏還要記得自己是女人。不是低聲下氣的女

人，而是一個能夠適時應對進退、對老公尊重的女人。這樣的女人是比較完美的女人吧？

答：我相信，如果能做到這一點，她的家庭一定幸福。

家庭幸福的好處

問：家庭幸福對於企業經營會有甚麼幫助？

答：如果家庭不和諧，是無法專注工作的。在我們人生裏，除了要創自己的事業，還要守住事業，更重要的是，人要怎麼活着，這就是人生。年輕的時候，我的家裏很窮，我就想一定要賺錢，要有事業。當我的事業發展到一定程度，便想其實一個人一輩子要花的錢不是太多。只要你用的方法對路，不是很難解決。所以說，如果你的管理方法能夠用得好，要守住財產不是太難。更重要的是，你的人生這幾十年怎麼活好，這就比較難。現在很多人在經營上、買賣上很成功，但家裏的事情處理得很差，很多毛病，這樣對他們一定大打折扣。我們是修行人，明白一個人活着，把人生和家庭處理好，比做買賣成功更重要。

問：「疫」境對企業影響很大，有些企業無法轉型的話，影響可能更大。您認為在「疫」境中的夫妻，究竟會出現甚麼問題？

答：其實我早注意到在社會上有這個問題。社會發展太快，現在的人都把精力放在研究經濟，希望能夠得到更多物質，沒有花時間去研究精神上的需要，沒有花時間研究夫妻應該怎麼相處，只是把經濟、物質放在第一位。我認為這是一個誤區。我們應該探討一下，怎樣把投放在物質的時間和精力，調一

部分來令我們的精神生活過得愉快一點？如果這樣做的話，
我相信不光是夫妻，甚至你的生活，跟別人相處都會有幫助。

問：您剛剛特別提醒，不要一直只顧往外掙錢。如果家庭不和
　　諧，夫妻不和諧相處，就像是一個錢袋子漏了一個大洞一
　　樣。前面掙錢，後面錢就流走了，是不是這樣子？

答：對，一個人賺這麼多錢的目的是甚麼？就是希望自己的日子
　　過得好一點。但不是吃好、有大房子就能夠令你高興的。其
　　實夫妻、家庭、朋友能夠相處得好一點，得到的快樂可能遠
　　遠比物質給你的快樂更多。

尊重還是妥協？

問：在夫妻相處當中互相尊重是很重要的，但「尊重」這個詞說
　　得好聽，有時候就是要互相妥協或遷就，實際上是有一些委
　　屈在裏面的。我們如何在夫妻相處當中，能夠從遷就、妥協，
　　轉變為真正的尊重？

答：問題是你怎麼看這件事。你覺得這是遷就，在我的看法卻不
　　覺得，我會想是方法。等於我們修行，既然沒有其他辦法，
　　就是怎樣能夠去處理這些問題，如果你因為需要去遷就，這
　　也是一個方法。曾經在我的修行過程裏有這樣的一個經歷，
　　特別是密宗，那些護法很兇，令人很害怕。有一次，我跟一
　　個不動明王叩頭的時候，一位師兄跟我說：「你看看這個不
　　動明王多慈悲。」我忽然醒悟了。不動明王，有很多人說是
　　觀世音或者毗盧遮那佛的一個轉世，他們本來是很威嚴的、
　　很和諧的，但為了要降服我們這些不好的心，就顯憤怒相。

你看見顯憤怒相，一般人就不高興，你就不敢亂來。就是因為這樣，令你的規矩好了，不會去犯錯。不動明王這樣的一個慈悲心，為了要幫助你，他就顯一個憤怒相，給人家一個感覺不好的面相，其實這是慈悲。如果我們把遷就看成是慈悲，你就不會覺得難受了。

問：夫妻相處當中我們不要覺得委屈，而是要真的去理解，為甚麼此時此刻丈夫會說這樣的話，背後的含義究竟是甚麼？相處了這麼久，我們不是不了解彼此的，他說出這樣的話，不要先覺得受傷害，而是要覺得，他有他的道理，這樣的話，就會更加尊重彼此的言行，是吧？

答：在家裏沒有對與錯吧？如果一定要講對錯，很多時候矛盾就來了。如果你能夠理解他，他當時真的講了一句話傷害了你，但是你不視此為傷害，是他的關心，你就不會生氣了吧？

問：您的建議很好，我覺得在夫妻之間應該記住幾句話，當彼此快要出現摩擦的時候，就想起那些話：「對，他不是對我生氣，他是在關心我」、「對，他擔心我會不會感冒，會不會着涼」、「不要嫌他囉嗦」等等之類，把這些好的一面永遠放在心中，這樣就會很好了。

答：舉個例子，像我們年紀大了，有時候會有一些小毛病，可能丈夫提醒妻子：「少吃這個一點，少吃那個一點，要多做點運動」。但我們不想別人老是挑自己的毛病吧？如果你覺得他在挑你毛病，你會生氣；如果你覺得他在關心你，那你還會生氣嗎？這一點對我們夫妻相處很重要。

問：楊總，妻子對您嘮叨時，您也能做到這樣嗎？

答：我估計，我會盡可能控制自己。

問：鳳凰網的網友提出了一些問題。比如說有些人經濟或工作受到壓力，在公司裏受氣比較多，容易將壓力轉嫁到親密的人如丈夫或妻子身上，請問如何做到不把「垃圾」帶回家呢？

答：首先要調整好自己的心態，不要把工作跟家庭混在一起，如果把工作都帶回家，你的家庭一定不會和諧。自己要提醒自己，在回家離門口 5 至 10 分鐘之前告訴自己，現在要脫離工作，要回家了。家裏的太太是董事長，孩子是董事長，如果他們是董事長，回到家還敢對他們生氣嗎？

問：我有一個想法，例如我們現在每天都要戴口罩，在回家之前，把口罩丟在附近垃圾桶的時候，也同時把今天在公司、在外不愉快的心情和事情一塊丟進垃圾桶，帶着愉快的心情打開家門，跟家人一起吃晚餐，這是一個好方法嗎？

答：方法有很多，你覺得有效就去落實吧。

問：還有一位朋友問，常言道：「距離產生美感」，但因為疫情關係，夫妻都宅在家中，相處的時間明顯多了，新鮮感和美感都消失殆盡。該如何為夫妻保持新鮮感？

答：新鮮感總會慢慢消失，就是說，新鮮感是不是這麼重要？人畢竟有一些不好的習慣，我相信互相尊重、互相理解，可能比動腦筋去想新鮮感來得更容易一點、更好一點。

問：您覺得夫妻之間相處最忌諱的是甚麼？

答：夫妻相處最忌諱的就是不理解。如果你能夠理解，你的家庭一定會幸福。

人人誦《心經》

問：夫妻若發生了摩擦，最後更走上離婚的道路。離婚之後，可能還是放不下來，希望再續前情，您會如何去看？怎麼去化解呢？

答：曾有人向我提過同一個問題。解決問題是很難的，佛教教導我們，好方法是不要讓它產生。因為這是因果，沒辦法逆轉。當有人問我這個問題時，我通常不會正面回答，會叫他試試學誦《心經》。誦《心經》是一個很好的方法，夫妻相處也好，甚至跟自己相處也好，如果你能每天堅持誦三至七遍《心經》，用 5 至 10 分鐘去誦經，我相信長時間一定會有效。那人後來每天誦經，一兩個月後他跟我說，夫妻倆最近好像協調了很多。很多年輕人告訴我睡得不好，他們大概誦不到七遍就睡着了，我也是用這方法的。夫妻吵架，《心經》是一個很好的法門。

問：疫情之下夫妻相處的時間很多，如何利用這個機會增進夫妻情感？核心因素是甚麼？買更多好東西給她？做更好吃的菜給他吃？

答：如果能夠給她最好的禮物，互相作個紀念，我相信一定是最美好的。

問：我覺得在佛教弟子當中有共同的語言會比較容易溝通。如果有一方不是佛教徒，而另一方是非常虔誠的佛教徒，會否不太容易把距離拉近？您有甚麼建議？

答：誦《心經》不一定是佛教徒吧？不是佛教徒都可以誦《心經》。我對這方面是有另外一種看法，不一定是佛教徒誦經

才會有效果，不是佛教徒誦經也可以有效果。我有一些中國內地的朋友，他們是幹部、領導，跟我交流的時候，他們說面對發展得這麼快的社會，要應付很多問題，很煩惱，晚上睡不着覺。我就介紹他們誦《心經》，他們毋須當作那是佛教經典，只需當作一篇文章，反覆在念。結果不到一個星期，他們就向我道謝。我們有時候把這篇文章介紹非佛教徒來看，就等於我們唱歌一樣，誦《心經》能夠抒發情感，抒發鬱悶。

問：在夫妻關係當中如果得到和諧的話，從一個企業家的角度，可以幫助企業更加安穩，讓企業做得更好。同時您剛才提醒不要太着重物質，要記得將更多心思放到家裏。從個人的修行上來說，婚姻是我們這輩子最重要的關係，如何在婚姻關係中提升個人的意識能級呢？意思是，借夫妻關係來修煉自己，您有些甚麼建議？

答：先把夫妻的關係做好，如果你連夫妻的關係都做得不好，怎麼去修行？怎樣在精神上令自己能夠愉快一點？就是新鮮感，可能你把它作為夫妻關係裏一個新點子、新突破，如果能夠去到這樣的境界，我相信你的修行及修為一定會提高。

問：夫妻關係是我們這輩子最重要的關係，但我們不是要借用夫妻關係來修煉自己，而是要把夫妻關係做好，令夫妻關係和諧。所謂的修不修煉就不是一個問題了吧？

答：是的。一些老法師會說，很多修行人自己在閉關，在寺廟裏、在森林裏修行，挺厲害。但一到市區、城市裏，和信眾一接觸便完蛋了，這樣的修行是不是達到結果？這樣的修行是不

是能夠有成果？這是一個問號。如果一個人的修行能夠多點跟別人接觸，你都能夠把問題處理好了，我相信你就能夠把夫妻的問題處理好。自然地，很多對外的問題也會處理得好。在修行的道路裏也就一定會進步。

結語：如何在「疫」境中踐行夫妻和諧相處之道，這個問題確實很不容易。如果能做起來，其實會讓人很愉快，而且會立竿見影，因為夫妻就在我們身邊，能夠處理好與人的關係，是更大的成就。

（楊勳居士　旭日集團副董事長兼總經理
真維斯國際（香港）有限公司董事長）

「講座視頻連結」

安心　如何在「疫」境中

喜怒哀樂　何時生起

一個人如果遭遇親人生病、乃至親人往生，你要他不傷心是不人道的。所以在「疫」境之中，如果大家感覺到擔憂、恐懼、孤獨、無奈……這些都是正常並且合理的，因為你是一個普通人、正常人。但在「疫」境中，如何安心地面對及處理這些負面情緒，倒是可以從佛教的角度來探討一下。

古人說：「喜怒哀樂之未發，謂之中；發而皆中節，謂之和。」我們的喜怒哀樂等情緒何時生起呢？風和日麗、平平淡淡，當然不會生起情緒，此時稱之為「中」，安住於內中；「發而皆中節，謂之和」。舉例來說，疫情來了，你擔憂、恐懼等情緒生起來了，就是「中節」，「中節」即是恰當。看電視疫情報告有多少人感染，你又擔心起來，是正常的。但如果擔心到吃不下、睡不着，擔心

到心煩意亂，無法進行日常工作，甚至感覺在瀕死邊緣，這就過了「中節」這個階段，這時就有必要留意，要做一些事情了。

我父親去世的時候，我很難過，也哭，但如果相隔三、四年還哭，就有問題了。如果你在疫情中感覺到不快樂是正常，但不能過度。所以我首先要和大家說明，你如果感覺有些擔憂、不知所措，但想着疫苗已經問世，很快便不用戴口罩，又開始憧憬去日本旅行，想着想着就已經開心了，那你完全沒問題，很正常，疫情過後，你就沒事了。

做人首先要面對客觀事實，那樣才能合理、有效地處理問題。疫情之中，有負面情緒很合理，即使現在失業，但疫情過後，百業興旺，生活如常，就沒事了。所以說，如果我們能夠處理客觀現實，那我們首先要處理事情；可是客觀事情有些能處理，有些無法處理。譬如疫情剛剛開始的時候，大家用盡不同方法去處理，都不成功，唯有等疫苗。從有新型狀病毒開始，直到疫苗出現之前，我們只可以勤洗手，戴口罩，注意社交距離，除此之外沒甚麼能做的。

人生有些事情可以做、可以改變，但是有些事情是不能改變的。譬如無法選擇父母，因為一出世便已決定了。一出世就要吃飯、成長、讀書、工作、慢慢變老，乃至死，沒有選擇。但是人生當中做甚麼事情，怎樣去做，是可以選擇的。大家都熟悉「孟母三遷」的故事，香港有很多「孟母」，「孟母三遷」選學校，搬家遷居選學校，在學校裏選擇和誰做朋友，乃至男朋友、女朋友都可以選擇。

內心世界存在選擇

人生當中，即使有些事情無法選擇，如父母、生老病死等；但有一樣東西一定可以選擇，就是你怎樣看人生、怎樣看待父母。看到父母，有些人會想，他們真好、疼愛我，可是有時他們又不是很疼愛我，會打我，但是他們都是我的父母，我很愛他們，很孝順他們！可是也有人會想，這就是我的父母，他們只能讓我坐上日本車、坐不上德國車，他們都是不中用的。於是乎，你不能選擇父母，但怎樣面對父母，這是內心世界、個人的主觀思維，是可以選擇的。我們如何看世界？如何看那些無法選擇的事情？如何決定與其相處的方式？這都是你可以自行決定的。

疫情客觀存在，我們無從選擇。疫情之中，有些負面情緒很正常，但情緒過度了便有問題，一點也不驚慌也有問題。有人說，疫情沒那麼可怕，不用戴口罩，照樣去喝喜酒、外出用餐，這樣做絕對有問題，因為你放肆，沒有警覺到疫情的危險，你會增加

感染的風險，會連累身邊的人。但是你若擔心至不能入眠，乃至神經失常，就過度了。疫情初期很多人搶購白米、口罩及消毒藥水，家裏囤積了一大堆，現在米生蟲了，這又有甚麼意義呢？

中節是恰如其分　是智慧

怎樣為之「中節」恰當呢？這有點難決定。大家都知道，佛陀出家後，經過六年苦行，日食一麻一麥，餓得骨瘦如柴。後來發覺行不通，因此決定棄之而行「中道」，之後開悟成佛。剛才講儒家思想「發而皆中節，謂之和」，就是說「中道」。「中道」有甚麼標準？是否像我們的體溫，36 度左右就是正常？我很難一下子向你解釋，因為每個人的「中」都不同，你的「中」與我的「中」是有分別的。

所以「中道」是智慧，是恰如其分，不會過度或者不足。如同燒飯，火太大會燒焦，火太小煮不熟。但是怎樣去掌握，就需要你自己揣摩，需要去觀察事實，問自己能接受的最大程度是甚麼呢？如果放下，又可以放鬆到甚麼程度？抓得太緊的時候，又是否正確呢？

要知道是否恰當，便要時常去反思及檢討，可能有時高些，有時低些，有時再低些，又可以再高些，那麼何時正確呢？視乎具體情況。廣東話有句話很好：「執生啦！」就是在那個時候，正確就是正確，即是現場判斷，在現場俯覽一切，繼而做出決定，做出一個在此環境之下最恰當的決定，配對當時的因緣條件而取一個中位。這個有點難，但是可以做到，通過觀察訓練，是可以做得到的。

所以佛教常說禪修，禪修就是教我們如何專注、瞭解、觀察。我先向大家講了一輪理論，理論對我們去理解事實有方向性的指導，是很重要的。我們看事情的時候，沒有一個大的理論框架就隨境而轉，是很危險的。隨境而轉，喜歡就迎上，不喜歡就打，這是一種無方向性、無理論指導的回應，是比較獸性的，好像動物肚子餓了就吃，吃飽了就睡覺，有甚麼要思考嗎？沒有。這是否可以叫做修行？不是，修行比動物這些行為要複雜得多。

因緣和合而生　做人應知因識果

說起佛教，很多人第一個反應便是「因果」。甚麼是知因果？我常舉這個例子，芝士蛋糕好不好？芝士蛋糕沒甚麼好不好，芝士蛋糕就是芝士蛋糕。它有甜的特色，有含卡路里的特性，能填飽肚子，這樣好不好呢？視乎你是否餓，視乎你是否超重，如果你是已經過瘦又營養不良，芝士蛋糕對你來說，就是絕佳的食物；但如果已經超重了，芝士蛋糕對你來說就不恰當。芝士蛋糕表面那種香甜、軟滑，只是我們眼耳鼻舌身意的第一層感官接觸，是很自然的反應，如甜、喜歡、舒服、舒爽……但如果你對芝士蛋糕有更深層次的了解，就會知道它含糖及牛油，很高卡路里，有令人發胖的特色。但芝士蛋糕這令人發胖的特色，容易看到嗎？不容易，一般人只了解它的好味道，而更深的層次是看到它的致肥特性跟你增胖的因果關係。因果關係即是看事物要看「遠」一點。

年輕的時候感覺吸煙很帥氣，看廣告多了就吸收了這種形象。但後來科學家告訴大家，原來吸煙有另一層因果關係，吸煙

多了會患肺癌，肺癌跟吸煙有直接的因果關係。當你能看「遠」一點的時候，就可以更新你的思維。如果只看事物表面，你會隨着六根，眼、耳、鼻、舌、身、意，產生對外境的第一層次回應，喜歡不喜歡、好味不好味，跟自己的食色性也是否配對，配對就接納，不配對就拒絕；令我感覺舒適、讚嘆我、歌頌我的，我就高興；罵我、鄙視我的，我就拒絕。這些很獸性、很機動。

走入社會，不知道有沒有人告訴你，讀書成績好、以一級榮譽畢業，基本上可以找到好的工作，那是靠你的讀書能力、靠你的智商。但當你進入公司，日後能否升職，能否成功，則是靠人際關係及情緒智商。走入社會，老闆已經不會給你面子；發工資給你，就期待你有所表現。你要跟老闆、同事、客戶合作，你會有壓力、被責罵、失敗，失敗了之後能不能再爬起來，這是情緒智商，情商就不是讀書那麼簡單了。

中學時你名列前茅，進入大學，每一位同學都十分出色，你被比下去，變成普通人了；進入社會，當你以為自己很能幹，卻發現很多人比你還能幹。這時候你如何自處？如何生活？能不能用情商看待人生？能否認識自己及他人的情緒？更重要的是，是否懂得處理自己的情緒？如果不懂得處理，別人責罵你，立刻扁上嘴巴、瞪瞪他，原來那是你的老闆，這下你倒楣了。被老闆責備完之後，能否有一種省察？「老闆你說得對，我會反思，處理好事情」。有沒有這種能力呢？不是每一次都做馬屁精，有時候還要學安忍波羅蜜（安忍的智慧），不要揚威耀武。何時揚威耀武、何時安忍波羅蜜，這就是我們的情緒智商。

明白因果，因緣和合而生

何時去關懷？何時收斂？何時去處理情緒？對方的情緒如何？所以做人除了明白表面之外，對事物要看遠一點、看深一點。這樣你才能夠做最好的抉擇。吃一塊芝士蛋糕，即刻的果報就是舒服、喜歡，長遠的果報就是你會長胖；吸煙的果報，最初是很帥氣，長遠的果報就是會患癌症。讀書辛苦、考試辛苦，但如果你能堅持下去，你會學到知識、增長智慧。有知識、智慧，你就懂得去選擇，人生就是一個不斷去選擇的過程。活得好不好，如何增強選擇的能力，這個就叫智慧。

佛教講慈悲與智慧，智慧就是你能夠看「遠」一點，明白因果，明白因緣和合而生。明白事物的出現，有很多因很多緣。譬如說，我現在啪手指，這「啪」一聲「啪」一聲是誰做的，哪裏來的，又怎樣出現？首要條件就是我有手指，沒有手指就沒有手指撞擊，就沒有空氣震盪，耳膜就不會震盪，大腦就不會感覺到聲音。我有手指是因為我有身體，這要靠我父母，我父母結婚才有我，以及我公公婆婆爺爺奶奶等歷代祖先，跟這「啪」一聲都有關係。

當然亦要有空氣、地球，有你及你父母乃至歷代祖先，你才聽得到這個聲音。由此可見，「啪」一聲的出現依靠很多因緣，當然最直接的因緣就是我的心，我的心想跟你溝通，想舉例給你看由我心發出的一個因，跟着推動所有現前的因緣，去製造這個聲音。當然這亦不完全是隨意，由我心為主因去推動，繼而配搭種種因緣，而你才聽到的這個聲音，這便是眾因緣和合而生。

按佛教來講，世界上所有事物，都是眾因緣和合而生。你愈

明白甚麼因緣引生甚麼樣的果報，你的抉擇能力就愈見優秀。所有人，相信宗教也好、不相信宗教也罷，都有一個共同的願望，就是離苦得樂，沒有人喜歡痛苦，都喜歡幸福。如何才能離開痛苦、得到幸福？如何才能沒有這個「疫」境？就算有「疫」境，也希望能夠從中找到快樂。

提升智慧，才能改善人生

智慧決定能力，理解愈高、智慧愈高，抉擇的能力就愈大；沉迷執着愈大，對世界理解自然就小，抉擇能力就愈差。為甚麼要聽講座？要學佛？因為人在成長過程當中，很多東西還沒有學好，就像舊版電話，電腦軟件有程式錯誤（bug），更新了便沒事了。我們對人生的理解、對父母的理解，乃至對疫情的理解，都可以有偏差或偏見。不是錯，只是偏、執，偏執會出現問題，所以，我們要更新自己，聽講座、聽道理就是這個意思。因為我們相信眾生皆有佛性，人人只要去細心聆聽、去了解，我們的心是會更新以前的看法，更新了看法你便可以改變你的人生，人生便通過學習而成長了。

十多年前，在香港大學與李焯芬教授、陳麗雲教授，一起創辦佛學研究中心。我們很努力地做一件事，就是將佛法與心理學和合，設計出一套結合佛法的輔導課程。佛法裏面的人生智慧，教人明白人生的道理哲理，是可以幫助你更新對人生的看法的，繼而令你在人生旅途中，更有洞察力，可以做出更善巧、更恰當的抉擇。同時，在你有成就的時候，警醒你不要忘我，要時刻反省，積穀防飢。這都是佛教教導我們的。

這些道理，其實已不單純是原始佛教的目的，教人了生脫死。因為現代人的痛苦，已不單是擔憂生死苦，即使你不相信生死輪迴，也一樣有痛苦，現世間的痛苦、心靈的痛苦、壓力產生的種種痛苦，佛法都可以幫助你。但佛法本身的很多義理都是很有深度的，所以與現代輔導學、心理學結合，便會有很多善巧的方法去幫助人。近年我們舉辦了一個講座，很榮幸邀請到香港大學校長張翔教授，他是一位很嚴謹的科學家。對於我們的課程，張校長給予高度評價，他認同佛法輔導是運用佛法的慈悲和智慧，配合心理輔導來幫助人們化解內心的壓力，以提升心靈健康。

安心之法：念佛的科學證明

從道理上明白了，就可以去疏導、更新自己對人生及壓力的看法，幫助我們處理困難，會因為理解而更加心安，但理解了不代表能夠處理。在此向大家介紹與念誦佛號有關的三篇高水準學術論文，成果證明念佛有助心安。

第一篇論文是關於調節恐懼。該研究請一群有持念阿彌陀佛名號的佛教徒對着電腦念阿彌陀佛，並接駁 EEG 腦電圖（Electroencephalogram）的機器，之後讓他們看電腦裏面的恐怖圖片和普通圖片。當他們看到那些恐怖圖片及普通相片時，腦電圖出現了六種反應狀態，第一個是看負面圖片；第二個是看中性圖片的時候；第三條線是看恐怖圖片而念聖誕老人；第四是看普通圖片而念聖誕老人；第五是看恐怖圖片念阿彌陀佛；第六是看普通圖片念阿彌陀佛，共六種狀況。

1. 看負面圖片	2. 看中性圖片	3. 看恐怖圖片 念聖誕老人
4. 看普通圖片 念聖誕老人	5. 看恐怖圖片念 阿彌陀佛	6. 看普通圖片念 阿彌陀佛

　　EEG 腦電圖顯示，念着阿彌陀佛看到恐怖圖片時，最初看到恐怖照片的時候，腦電圖是有反應的，但到情緒生和恐懼生起的時間，負面訊息對腦及身體的後期知覺反應，基本上是被念佛中和了。這個研究證明了佛教徒很早就知道的事情，原來念佛真的會讓人心安。這些是通過科學實驗，從數據上證明的。

　　為甚麼念佛號有如此功效呢？念佛的時候，腦部的生理結構有甚麼變化呢？這個是要介紹的第二篇論文。研究發現，相對於非宗教念誦（比如念誦聖誕老人），在念佛的時候，就在後扣帶皮層這個位置，與人腦的自覺反應有關的部分，Delta 波明顯升高了，這個位置負責我執、我見、我存等感覺。Delta 波是「睡覺波」，睡覺時，Delta 波很大、很明顯。就是說當你念佛時，你那種我執、我見的感覺沉睡了，所以，宗教念誦能夠提升及優化心腦狀態。這篇文章也獲香港大學校長的認同，亦在世界頂級學術期刊《自然刊物》（*Nature Magazine*）屬下的一個十分有名的期刊上出版，文章的科學認受性很高。第三篇文章也是與念佛有關，

多媒體磁力共振研究顯示，反覆念佛能形成正面情緒、基模或者結構以抗衡恐懼心。就是當你念佛念多了，大腦裏面的腦神經線，組成了一個結構，這個結構可以平衡負面情緒及偏見。研究顯示，當人面對負面情境，念佛能直接影響大腦側腦室下角一個叫杏仁核的部位，調節情緒。

杏仁核在接近我們的腦幹、腦部最深層的位置。通常一般人調節情緒是用思維，在前額葉皮質前面，通過思維影響情緒；但是念佛是在腦幹杏仁核，通過念佛令我們不再驚恐。這個科學實驗證明，念佛不可思議地影響到深層杏仁核。我們發現這種情緒的平衡，不同於一般由高級中樞發起的，從上而下的情緒干擾，而是從腦幹和杏仁核開始，從下而上的情緒干擾。綜上所述，已從科學角度印證了，念佛的確可以幫助我們安心。

專注呼吸　享受平安喜樂

上文意在說明如果在「疫」境中無法安心，又沒有方法去處理，可以去念佛，或找一些東西念誦，至少情緒得到紓緩。或者你可以學習觀呼吸，把情緒、集中力從外部世界抽離，抽離胡思亂想，帶回到現在，觀察你當下的呼吸。簡單來說，就是洗碗時洗碗，呼吸時呼吸，享受當下的平靜和安樂。這樣也可以幫你處理負面情緒。

疫情中，如你感覺到過度沮喪，可從兩方面去處理：一是更新你對疫情及人生的看法，令感覺正面一些。月光只是天上的一道光，美與否是你自己選擇的。人生是否有意義，是你在人生裏面能否找到意義，與人生無關，人生就是人生。但當你找到人生

的意義，整個人就會快樂。所以，嘗試去付出、去幫助人。

當你找到人生意義，在「疫」境之中就找到更大的理由硬着頭皮堅持下去。人生去到某些困難的位置，不用說那麼多漂亮話，咬緊牙根，一步一步走下去，壞的日子一定會過去。大家要抱着信心，因為你有佛性，可以更新你對人生的看法，可以嘗試念佛「南無阿彌陀佛」或者「觀世音菩薩」，乃至念你的宗教信仰都可以。

對　談　錄

問、結語：曾瀞漪　答：衍空法師

問：法師您曾提及心安與否，在於看待問題的角度。但如何增強選擇能力，就是智慧了，智慧不夠的時候，可以念佛號，念佛號產生的力量可以中和負面情緒的力量，這個您已經用科學的方法告訴我們了。可是，在法師的修行當中，您可以跟着梵唄音樂念佛，我們一般人在家中，可能只是簡單地念「南無觀世音菩薩」，這樣的佛號念誦也有幫助嗎？

答：其實念佛號可以唱，也可以就是簡單的念「南無阿彌陀佛」，分別不是在聲調，關鍵是你念的時候有沒有用心。譬如說，我們有困難的時候叫媽媽，因為媽媽跟我們關係親密。自小媽媽已經照顧我們，有甚麼困難就找媽媽，有很多這方面的經驗。你叫媽媽，就是把整個媽媽與你的關係呼喚出來，支

持你去面對困難。

如果連阿彌陀佛、觀音菩薩是誰都不知道，那麼在你的腦裏面是沒有關聯的，這樣效果會很差。所以要念佛念得好，一定要理解阿彌陀佛是誰，了解阿彌陀佛的慈悲，阿彌陀佛的願望是普度眾生，跟他結上緣，佛度有緣人。平常念阿彌陀佛，對阿彌陀佛、極樂世界很嚮往，心中已經有整個配套的情緒和思維架構，念的時候一定有效果，就像你念媽媽一樣。只要把與阿彌陀佛的思維關係，通過宗教信仰建立了，不論你如何念也好，我相信都有用。最差的是，你不懂又不信。但反正念阿彌陀佛、念觀音菩薩不用付費，下次恐懼的時候也可以嘗試一下，用心有感情地去念。或者怕的時候馬上念，臨急抱佛腳也好！

恐懼與否是人的本能

問：法師剛剛提到的「熟悉」是很重要的一個安心方法。比如說對母親的熟悉，跟佛菩薩的熟悉，跟佛教領域的熟悉，所有的這些「熟悉」都會幫助我們安心。

答：研究數據顯示，佛教徒念阿彌陀佛，真的有幫助。熟悉阿彌陀佛，熟悉佛教的環境，熟悉你和他的關係，有了這個關係，你才有配對的情緒，不熟悉、不明白、不理解，無法牽動腦的音波和整件事情，無法溝通。

問：還有一個問題，就是我怎麼知道，我的心是否安定下來，我們在探討心安或安心的時候，怎樣才叫做安？是安定、安住，還是安全？

答：你吃完飯，知道自己吃飽沒有？吃飯知道飽，安心與否自己
知道嘛！如果人家問，你有沒有不開心？你說不知道，那就
表明你沒事；如果人家問你安不安心？你說好像沒甚麼，那
就叫安心。你要是擔心，自己一定知道。你不覺得自己在擔
心，那就是安心。要是擔心、恐懼，你自己肯定知道的，這
是人的本性，不學而能。

貧困辛苦之地非淨土

問：您曾經是金融界人士，我也是做財經的。在疫情當中，那麼
多人失去生命，那麼多人失去工作，可是卻有很多人財富大
幅增加。彭博億萬富豪指數（Bloomberg Billionaires Index）
顯示，2020 年全球 500 大富豪，總身家暴增 1.8 萬億美元，
增幅達 31%，創下指數成立八年來的最大漲幅。在疫情當
中，您有何感受？如何看待這個問題？

答：我是一個出家人，對於經濟問題和社會問題，我不是專家，意見僅供參考。我覺得世界是因緣的世界，所有事情都有因緣。當這個世界太極端時，是不平衡的，不平衡的社會會發生動盪，會產生很多問題。譬如，美國去年發生很多問題，香港也有很多所謂深層次的問題。這些問題就是源於因緣，貧富懸殊、機會懸殊等各種懸殊，我覺得有必要將這些懸殊拉近。

靠社會制度、稅制等可以令貧富懸殊的財富能夠回歸社會，重新流轉，我覺得是必要的。在淨土世界裏，所有人都很幸福；如果有些人很貧困，很辛苦，那就不叫淨土，會引發人生很多長遠的問題。我覺得社會上有能力、有遠見之士，或者政治家們應該看遠一點。在人類歷史進程中，由強權時代、帝王制度，進展到民主制度，現在已經是人民利益為上，這個是不可倒退的。所以，如何在鼓勵經濟進步之下，建立一個更完善，更合理的稅制，將貧富懸殊、機會懸殊重新分配一下，這個值得政治家和經濟學家等花時間研究。

問：您對貧富懸殊的問題也很擔心？

答：我是擔心。香港這個現象就很明顯，這也是香港動亂的其中一個原因。我覺得不單止貧富懸殊，創富的條件、財富積聚不能夠流通都有問題。在美國，人死後，一大部分財產要打遺產稅。香港沒有了遺產稅，財富如何重新流轉？鼓勵人去賺錢是好的，經濟才會進步。但是發達之後，財富滯留在後面，許多人賺了錢後就不用工作，像養老一樣。但是如果把這些錢給了子孫，他們年紀輕輕便開始養老，這就不太好

了。當然我也不知道這樣做的對錯，總之，貧富懸殊是應該想方法去對治的，應該讓財富在更多有需要的地方流轉。

問：您說的這些，如果體現在年輕人身上，可能就更加明顯。比如說，富二代承繼了第一代的財產，可是跟富二代同齡而沒有家底的那些年輕人，他們沒有財富，創富機會也遠不如前。您在香港大學佛教研究中心，接觸很多的年輕人，是很多年輕人的榜樣，怎麼看所謂的年輕人問題？如何以佛教的方法來幫助他們？

答：好深的問題！其實我覺得香港的年輕人挺好的，很多都很上進、很努力。我認識的年輕人當中，九成以上都很孝順父母。若講到年輕人的問題，第一個就要思考，問題成因是甚麼？父母不懂如何教導是其中之一。如果你懂得「難得少年窮」的道理，就明白我的意思了。少年時貧窮，缺衣少食，那你就會奮鬥，覺得付出是正常的。但如果父母富有，家裏雇用三個工人，你不吃飯他們追着你要你吃飯，還要你學這樣學那樣，人生一早已擁有太多，根本沒有奮鬥的動機。不少年輕人大學畢業後，工作兩年就辭工，說要去享受工作假期。我們小時候物質不足，可現代社會物質很多很富足。我覺得佛教將來很有市場，因為物質世界已經發展到一個高度，你吃得再好、穿得再好，再吃再穿都已到了一個限度。在物質世界找不到開心，一定要回到自心。人的真正快樂一定是存在於內心世界，內心世界的安樂、自在、解脫是廣闊無邊的，那種寧靜的安樂，在物質世界裏你體會不到。

所以年輕人的問題，我們也不用太擔心。他們有他們的看

法，有他們的世界。我們的父母當年不是也沒擔心我們嗎？
我們不也過來了嘛！但是要教育他們。人類的進化、情緒的
進化，因應環境而變，對於這個世界，年輕人比我們了解，
我們可能會被淘汰，他們才是將來主人翁。

以平常心應對無常

問：法師說的這番話，對於一個家庭來說很重要，就是要好好地
　　教育孩子，但在教育當中不要過分擔心，父母的焦慮不要強
　　壓給孩子。

答：對。你看到的世界，未必是對的。你小時候，父母也沒有像
　　現在的父母那樣鞭策你，那你現在不是也很好、很優秀，那
　　不就沒問題了嘛！有時擔心反而未必好。

問：法師，能不能說，溝通是很重要？溝通在人與人的關係裏很
　　重要，互相諒解很重要。

答：佛教有句話說得好「平常心」。比如有人說，疫情來了啊！
　　我會說有甚麼沒有見過啊！咬緊牙關，過段時間就沒事了。
　　平常心，不要太害怕，不要過份擔心！過一段時間它就會變
　　好。「無常」的意思就是說它會變，我們回想一下去年今日，
　　再想想明年會怎麼樣？很多事情由不得你。所以，保持平
　　常心，處理好自己的內心，平平常常、安樂地去繼續，就可
　　以了。

問：說到注意與年輕人的溝通問題，我們剛剛也談到，父母跟孩
　　子的溝通，會有一種「熟悉」，這個「熟悉」會令孩子在需要
　　的時候找父母，而這樣的關係，會幫助孩子在未來的成長，

總會有一個助力。因為跟父母的熟悉，熟悉是在常常溝通的前提之下，他將來遇上很多事情，就能夠安心，是不是這樣呢？另外，佛教講的「心」到底是甚麼心？

心是受想行識

答：先不講「心」，我們講樹林，樹林由很多樹組成，那麼到底有沒有「樹林」？有，因為有很多樹在那，就叫做樹林。若我們走進樹林，能不能找到樹林？答案是找不到，因為進去就只看到樹，沒有看到林。那麼樹林實質上是沒有的，但它存不存在呢？它存在我們的經驗當中，也可以說存在心裏。《俱舍論》說，「集為唯心」，「集」就是積集，積集了一大批樹就叫樹林，那麼集起了甚麼叫「心」呢？

佛教講「五蘊」，第一是「色」，指物質身體；第二就是「受想行識」，「受」是感受；「想」是概念、思維；「行」是內心的決定；「識」是認識的功能；受、想、行、識加在一起就是我們的「心」。四個字，佛法說得簡單，但其實很複雜。

身體感受很容易，內心開心與否，自己也知道。比如這位是我先生、這位是校長、這位是某某某，你見到的相，心裏面有，閉上眼睛都想得到那個樣子，由相就會引申到文字，有相、文字，你就有思維，都是相。有了思維之後，就會有這種味道好我就吃、不好味道就扔掉，這個叫「行」。「受想行」，一定要有個「識」，有認識的功能。我們的「受想行識」，這些和合在一起，就叫做「心」。再分析清楚一點，離開了「受想行識」，還有沒有「心」？就跟離開了樹，沒有樹林一樣。

一旦執取便存於心

問：那麼心安等於心空嗎？

答：樹林是沒有的，只存在於「心」，我們的「心」覺得有樹林；我們的心有一個很強大、很有力量的功能，這個功能就是，我見到一大堆樹，就會執取為「樹林」；我見到好多零件，就會執取它為「車」；我見到一個「色受想行識」和合、有血肉、有思想的，就叫做「人」；認識他的，就叫他做校長，這個就是我們的心去執取的功能。

可以執取甚麼呢？甚麼都可以執取到，可以執取一個樹林，可以執取自己，「我」就是這個身體，這個身體就是「我」，這個身體的感受就是我的感受，我的感受、我的思想、我的記憶，加在一起就是我，這個叫做執取或是取相的能力。《金剛經》說「若心取相」，這個就是執取，你一執取的東西，從你的「心」的角度來講就存在了。這個樹林，你走進去，就是一些樹而已。

問：我們回到主題，如何在「疫」境中安心，是不是就是將「色受想行識」看空？

答：說是這麼說，不那麼容易的。《心經》講「照見五蘊皆空，度一切苦厄」，剛才我講五蘊「色受想行識」，幫你「照見」它「皆空」，你「照見五蘊皆空」，就「度一切苦厄」了。因為這個「我」是建基於「五蘊」，好像執樹木為樹林，你執了五蘊為我，心就有一個「我」的概念，你就要保護它、成就它、不要它受傷害。有疫情，好怕啊！會傷害「我」。如果你都無「我」，還用擔心嗎？「照見五蘊皆空」，「心無罣礙，無罣礙

故，無有恐怖，遠離顛倒夢想」，你照見「五蘊皆空」，破了我執，還有甚麼值得害怕的嗎？沒有了，但是破我執的確不容易。

結語：「破我執」這三個字，看似簡單，但做人實在太難了，所以要不斷地修行。當然在這過程當中，如何讓自己安心，法師說不難，但是也很難，繼續做就是了，我們叫做只問耕耘，不問收穫，繼續做下去！

（衍空法師　香港佛教聯合會執行副會長

香港大學佛法輔導碩士課程主任）

「講座視頻連結」

如何在「疫」境中提升自我效能

高錫年

意業的重要性

新冠肺炎蔓延全球，為全世界人民帶來極大困擾。如今疫苗已在多國臨牀接種，希望 2021 年中或到年底，疫情能得以控制。雖然這篇文章闡述如何提升自我效能（self-efficacy），但疫情當前，我會先介紹疫症，和疾病的產生及治療，然後再引申到自我效能的定義、提升方法及運用，最後教大家一些多成功、少失敗的方法。下文分享兩個真實個案：一名小學時成績很差的學生，但卻能入讀大學攻讀醫科，最後成為醫生；第二個個案也是一名醫學生，中學就讀國際學校，入讀港大醫科後，因考試不合格要重修。這兩個個案都跟自我效能密切相關。

人類經常遇到疫症，而疫症往往是突然出現的，且不會迅速消失。以新冠疫症為例，爆發了一年以上，不論英美或其他國家

的疫情趨勢曲線仍在快速攀升，而上升到何時依然是未知之數。我們算尚算幸運，中國內地及香港的感染情況不算太嚴重。

佛教稱這個為「共業」，就是大家要一起去受這個業，業多數都是有苦的，2020 年各行各業的人都很苦。但在共業裏，我們可以做一些事情，這就是我們自己的業，佛教稱之為「因緣業果」。「因」是條件，即是我們的生理或心理，或由童年到成年的所有經驗；「緣」是我們周邊的人或事，你遇上新冠病毒，這個就是你的緣；因緣業，「業」有共業，也有別業。個別國家的人民不相信新冠病毒的存在，認為是政府杜撰以加害他們，目的是掌控國民。於是他們外出不戴口罩，開派對，這就是他們的「業」。

佛教把業分為「身、口、意」三類，「身業」是行為；「口業」是所講的話，也包括出版書籍，在互聯網上發佈訊息等；「意業」指思想，這個最重要，人類的行為或言語背後通常有一個動機，這個動機就是意業的一種，當然含意廣泛，例如你想甚麼、想怎樣做、為何這樣做等等。

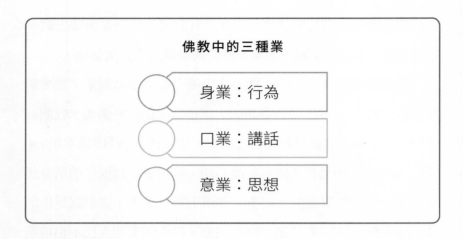

佛經裏面還有一個「識」的概念，套用網絡用語「有圖有真相」。但是現今社會並非如此，有圖也未必有真相，因為圖可以是假的。即使你有圖，但如何詮釋這些圖，都會有不同的結果。例如昨日確診人數下跌至 30 宗，你覺得疫情就快消失；今日上升至 60 宗，有人說疫情又反彈。那麼疫情究竟是在升，還是跌呢？就要看你的詮釋和判斷了，這個就屬於「意業」。

甚麼是自我效能

為何要講「意業」呢？是因為自我效能與「意業」息息相關。其實自我效能並非效能。效能是指你是否有能力做某件事，例如會開車，這是一個效能。而自我效能是當你還不會開車的時候，你是否相信自己能學會開車，是對自己能否做到那件事的判斷，這才是自我效能，是我們的意業。在分析自我效能之前，先說說自尊心。自尊心的概念很模糊，字面的意思是自己尊重自己，實際上是自我能力及自我喜愛程度，別人尊重你，你便覺得自尊心高。

跟大家分享一個真實個案。有一名國際學校的學生，成績很棒，中學畢業後順利入讀香港大學，攻讀醫學。入讀大學後，他覺得課程與中學時相差無幾，於是沿用以前的方法讀醫，沒有在學業上付出太多時間，反而經常外出玩樂，沒想到第一年便因考試不合格要重修。這個問題就出於自尊心太高，高估了自己的能力。自尊心高的時候，會覺得自己一定做得到，但自我效能就不同了。

自我效能是指我能否成功做一件事，自尊心是指我這個人是否很棒，所以講自尊心時一定要小心。社工和心理學家常說，他做不到某件事，不如增強他的自尊心，其實不然。自尊心是非確切的（non-specific），是對人而不是對事，增強自尊心不等於增強其能力，所以要很小心地使用自尊心這個概念。

自我效能是指你是否有信心，在某種情形下做到某件事情，如果你有信心，這個便是自我效能。自我效能很容易提高的，而且是很具體的。例如我們在教導孩子的時候，千萬不要錯誤地誇獎孩子，考試 100 分你便誇他真棒，其實你是在誇獎孩子的那個自我、自尊心。所以佛教說「無我」，就是沒有一個不變的我，他不是永遠都這麼棒的。自我效能就不同了，自我效能是我能否做到，以佛法修行來講，我能否念 10 次《心經》，如果做得到，我便已經具備那個效能，而不是說你好棒，你會成佛的了！有些相士或風水師，他們很喜歡這樣騙人，甚至說癌症都不用醫，用些符咒便可。千萬不要相信，因為自我效能非常重要。

再說一個故事，有一名男孩，他父親是個木匠，覺得兒子成績差，不如學一門手藝，將來也可以糊口，於是把他轉去工業學

校學木工。入讀後，他發現有些同學和他一樣，小學時成績一樣很差，但現在卻挺好，於是他逐一攻讀每一科目，漸漸和這幾名同學競爭班內頭幾名。因為他覺得別人能做到，自己也能做到。於是經過努力，後來考入醫科，做了醫生。

並不是想說明他為何由工科轉讀醫科，而是說要給他一些成功、很小的成功，或是每一次成功時都鼓勵他，漸漸地累積起來，便會收穫一個大的成功。人們常說「失敗乃成功之母」，這個講法不太正確，「成功乃成功之母」才恰當。多積累一些成功，將來便會更成功，大的成功是由小的成功累積起來的，這個就是自我效能概念的一個體現。

如何有效設定自我效能

自我效能這個概念很重要，可以運用到很多地方。最好的自我效能設定，就是比目前的能力稍高一點，就是說假如你考了 60 分，那麼你便叫他下次考 65 分，不要一步登天，要他考 100 或者 90 分，那樣的話他做不到。他下次考 65 分，再下次便要他考 70 分，考到 70 分時再要求 75 分，如是這，他的自我效能便慢慢提升了。能力增強了，對自己有信心了，便可以做到很多事情。我們經常錯誤地要求孩子一步登天，你高估了他的能力，他就會失敗；失敗了你再罵他，於是他甚麼都做不成。

所以無論是教孩子還是學生，都要逐步提高他們的能力，這個是最重要的。如果自我效能比能力低，那便浪費了他的能力。例如說本來可以考 60 分，你卻說 50 分我也接受，那麼他就不用功讀書了，考過 50 分就算，能力未能充分發揮，整天會覺得自己

不是一個很成功，或者可以成功的人。

綜上所述，自我效能是一個「意業」，會受到其他人影響，只要把自我效能設定得比能力稍高一些，那麼就很容易成功。如果自我效能高，動機就會強；有動機去做，即使失敗也仍會有動機去做，因為自身會認為只要盡力就一定做得到。但如果他沒有這個自我效能或自我效能低，就會認為做不做都是一樣，那就不如不做吧。所以，我們需要為孩子設定一個恰當的自我效能目標，令他一步一步地去做，引導他最終走向成功。

我經常提醒大家，如果你稱讚小孩子聰明，他會覺得我已經很聰明、很厲害，我為甚麼仍要努力？所以你應該改變思維，稱讚他勤奮、努力地應付問題，即使成績不理想，但他已經盡了力。假如你高估了他的自我效能，下次就調低一些，重點是一定要讚賞他的努力。

自我效能的廣泛應用

自我效能可以應用在很多方面。以讀書為例，父母要一步一步地鼓勵孩子，不用說你考 100 分，我帶你到迪士尼樂園遊玩或者買禮物，用言語稱讚他即可，你的口業就能令他的身業和意業有改變。

學電腦也是一樣，你要教他有技術的自我效能，不要抗拒機器和數字。其實互聯網就像是知識的自助餐，網上齊備所有學科知識，不需要別人灌輸。但是現在的中學生、大學生，學不懂會認為老師教得不好，並不是自己不努力。所以，意業——改變態度很重要。聰明的學生幾乎不需要老師，自己會去找答案，老師

只是引導他們而已。

社交也一樣，我們偶爾會遇上害羞或有社交恐懼症（social anxiety）的人，其實是因為沒有人鼓勵他去社交，如果你令他看到自我效能可以做到這一點，從旁鼓勵他，他就會去做了。工作也同理，如果你是老闆，應該給員工清晰的指示，指示要比他的能力稍高一些，這樣便會有一群很開心的員工，跟着你一起拼命工作；如果你硬要讓他們做一些高難度工作，他們便會做不來，會氣餒。二者的動力是不同的，動力愈大，應付問題的能力便愈大。

健康也是，健康的行為，我們叫身業，例如戒煙、戒酒及運動等，全部都要有自我效能管理。看到別人做到，自己也能做到；看到別人成功，自己也會成功，人是需要指示和鼓勵的。例如醫治糖尿病，病人回家後，護士會打電話問病人有沒有戒口、吃些甚麼等等，這些都在增加病人的自我效能。等到病人會做、覺得自己做得到了，病人便能做到那件事情，這個很重要。

影響自我效能之要素

自我效能如此有用，究竟有甚麼因素會影響我們的自我效能呢？只有幾個簡單因素。首先是父母因素，約佔 75%。有些父母自己讀書不成，與其要求子女一定要讀好書，還不如鼓勵子女一步一步來，這樣才可能達到目的。

其次是「近朱者赤，近墨者黑」，要和一些看似與自己旗鼓相當，但成績又不錯的人為伍，因為你覺得別人能成功，我也可以。所以很多人喜歡聽勵志故事，例如某人出世時很窮，年幼喪失雙

親，但他很努力，最終成功了。勵志故事會令人感覺到希望，如能認同故事的主人公，便會覺得別人成功，自己也可以。

第三，成功乃成功之母。一定要讓孩子有成功感才管用，你令他經常感覺挫敗，經常罵他是於事無補的。正確的做法是找出一些他做得到的事情，嘉獎他、鼓勵他，愈是鼓勵他，他便離目標愈近。也不是不能批評，但要鼓勵之後才批評，批評是使他進步，鼓勵才是最重要的強心針。

第四，他說做不到的事情，例如每做那件事時會心跳、冒汗等，要看他如何詮釋這些症狀，是緊張？還是擔心失敗？但也可以對他說，這是刺激，因為當我們要做一件沒做過的事情，便會感覺刺激，有刺激自然便有推動力。改變詮釋症狀的方法，這個也是意業。

有一件事情要記住，就是「成敗不計，盡力而為」，不要理會成敗，因為成敗只是一個標識。例如我想跑馬拉松，一開始便跑全馬注定會失敗，先從 10 公里開始，然後跑半馬，循序漸進，這才是正確的方法。還有跑步會氣喘，感覺快要死了，呼吸不順，這是正常的。這時候要學會了解，哪些症狀是正常的及如何恢復，例如說跑步之後要慢慢走，走到呼吸、心跳、排汗如常便可以了。身體出現的症狀，在乎你如何詮釋，認識自我身體是很重要的。

正向思維的誤區

有人說有正向思維（positive thinking）就可以了，只要想着自己能做到甚麼，便一定能做到，這是十分錯誤的。有位心理學家研究正向思維幾十年，發現正向思維可能反而會害了我們。因

為用盡了全力去做一些目標極高的工作，但現階段根本沒能力做到。於是乎，我們會失望、氣餒、沮喪，這便影響了前進的動力。所以千萬不要完全相信正向思維，千萬不要說我有決心便一定做得到；有時候做到與否與基因有關，例如要行醫的筆者唱歌，當然不可能，演戲就更加不可能。

不要全信正向思維，但又不能沒有正向思維。如果我甚麼都不行，那是否甚麼都不用做？這也不行。我們首先要保持思想樂觀，但行動要客觀，甚至悲觀。例如，我知道自己沒有肺癌，我相信自己不會患肺癌，但是行動方面（身業），我不要吸煙，不去空氣污染嚴重地方，這就是思想樂觀、行動悲觀。

外國設計了一套系統，簡稱為 WOOP，首先是 Wish——你希望怎樣，例如你說我想做一個成功的藝人；那麼你的Outcome——結果是甚麼呢？要有個時間表和結果設定，可能我

用正向思維去行動前的四步驟

Wish
你希望怎樣

Plan
有甚麼解決
困難的計劃

WOOP

Outcome
結果是甚麼

Obstacle
會遇到
甚麼困難

要先入讀演藝學院或參加演員訓練班，做好自己；第三個 O 是 Obstacle——障礙，要想想會遇到甚麼困難；還要有預算、有計劃，P 就是 Plan——有甚麼計劃去解決這些困難呢？

有了這四個步驟，你就可以利用正向思維去行動。而這個正向思維，不是其他人經常掛在嘴邊的，我們要有正能量、正向思想，而是你想得到甚麼、會遇到甚麼困難以及是否有方法去解決，對此有正確的認知很重要。例如想去學演戲，首先要想一想，自己能否做到演戲需要的練習，例如演戲需要放鬆，如果做不到怎麼辦？要有計劃去解決預計問題，才是正確的做法。

這些是心理學專業範疇了，不是隨便一個互聯網 KOL 能提供的。KOL 即是主要的意見領袖（Key Opinion Leader），他們未必來自於專業領域，我們不知道他的背景，聽着合心意便覺得不錯；其實可能只是剛好說出你的內心所想，但意見未必正確。很多 KOL 根本沒有該領域的經驗，如同醫生可以是所屬專科領域的權威，但若評論經濟或政治，隨時會壞事。

正確面對困境及危機處理

我們經常遇到危機，首先要確認自己是否有危機，有些人身在危機中卻不自知。有人信用卡過度簽賬，仍然不覺得有問題，這就有問題了。第二要知道問題所在。例如是否買太多東西，或者人太好，透支信用卡借錢給別人。第三，在這個時空裏面是否有限制。例如是否失業了，但又要養妻活兒，無法賺錢，唯有簽卡度日。其實失業可以申請綜援（政府援助金），但很多人不願申請，感覺像是做了社會寄生蟲，可是申請綜援的確是一個不錯的

權宜之計。第四，以前是否碰過釘子。例如我曾經簽卡超額，但是後來剪爛了信用卡，再還清所有錢；現在我又簽卡超額。我們可以請教朋友，參考怎樣解決這個問題。也可以借錢先還清信用卡欠款，因為信用卡的利息相當高。

依然以失業為例，有時候我們真的需要別人幫忙。如果老婆孩子沒飯吃，可能要找社工，先申請救濟金，恢復生計後再為社會做一點事；最重要的是你能否接受，改善困境是你自己的責任。很多人會推卸責任，認為政府做得不夠好、教育不夠好，那樣解決不了問題。如果你能接受眼前的困境，自己需負上部份責任，未必是全部，那你就可能改善這個困境。

其次，要有清晰的自我評估，清楚自己的強項、弱項所在。例如有些人的自我效能很差，覺得自己賭博能贏錢，這是一個最差的自我效能設定。因為你明知賭博沒把握去賺錢，還要相信賭博或賭馬會發達，這是在改變真理。我從未見過賭博會令人發達，但見過因賭而跳樓、跳海的。問問自己，你有能力承擔嗎？

第三，自己性格是否有彈性，是否有一些不可改變的核心價值。例如保守，無論如何都不會借錢，好多人寧願自殺都不借錢，即使欠債很少，只是幾十萬、幾百萬。借錢不還當然不可以，借錢能清還就是上等人啊。

第四，還有一樣項很重要，就是解決問題要有耐性，一次做不到，就做第二次、第三次，如果方法正確，最後一定會成功。以上特別想讓賭徒知道，賭博永遠都不會發達，如果你覺得賭博會發達，就太高估了自己的自我效能，早晚會出意外。不要因為贏一次錢就心存僥倖，這次贏 1000 元，下次就能贏 2000 元，這

是高醫生教的逐步增加。如果做的事情一開始是錯誤的，再累加就是錯上加錯了。

對　談　錄

問、結語：曾瀞漪　答：高錫年居士

問：您說樂觀很重要，尤其是思想的樂觀。但有人天生樂觀，有人天生悲觀，對於天生悲觀的人，應如何幫助他們呢？

答：悲觀不一定不好，樂觀也不一定好。樂觀的人買股票經常被套牢，悲觀雖然賺不到大錢，但永遠不會被套，了解自己的性格最重要。如果性格悲觀就把目標定得高一些，反之就把目標定得低一些。一定要清醒、誠實地評估自己，認識自己到底是怎樣的人，自然就能應付問題。但人們無法在任何時候都能客觀地察覺（佛教稱觀照）自己，有時候難免帶有情緒，佛教建議此時嘗試一下打坐，這是一種靜觀減壓的方式。哈佛大學研究出一套靜觀減壓系統（Mindfulness Based Stress Reduction, MBSR），這套系統並非只是簡單的減壓，更多的是訓練人們察覺自己的思想、情緒，以及身體的症狀、狀態，了解清楚後再有針對性地慢慢調整。

問：疫情持續了一段不短的時間，請問疫情之中，精神科有沒有因此增加了病人？

答：精神病的症狀肯定有增加，但是否達到精神病發作，還要觀

察許多其他因素，例如自殺率是否上升，某種程度上自殺率上升就證明精神病增加，但目前為止我們尚未見到自殺率上升。另一方面，雖然新冠肺炎肆虐，但美國流感患者下跌了98.5%，普通感冒及上呼吸道發炎也近乎絕跡。就是說，新冠肺炎壓力增大，但其他常見疾病壓力減小。所以要整合數據後，才能判斷疫情期間精神病人是否增多。

當然精神病症狀一定多了，整天留在家中不開心、沉悶，甚至跟家人吵架都會發生，但這不等於有精神病。工作時跟同事也有可能吵架，但現在在家工作會好一些，所以我們很難說精神病人是否增加。最重要的還是要了解自己的性格，才可以在任何環境下，做出正確的反應和應對。

問：很多人不知道如何調整這個落差，如果突然有需要，不知道該找哪個醫生幫忙，這樣會否令情況更嚴重？

答：出現問題時，我們可以去看家庭醫生，不一定看精神科。很

多人都怕看精神科，病人認為自己不是精神病，你叫我看精神科就是侮辱我。所以，可以先看家庭醫生或見社工、臨牀心理學家或專業諮詢師（professional counselor）。專業諮詢師一來收費相對便宜，二來他們也有這方面的豐富知識，可以先找這類人士聊一聊。若說是找朋友聊聊，其實不適合，因為朋友未必受過專業訓練。你可能說，我和家人聊也可以啊，但很多時候，家人也是你的問題之一，所以你找家人聊，就是在和你的問題聊天，也行不通。

罵人未必都是錯

問：疫情期間，如果精神不好，人與人之間磨擦增多，我們罵人、批評人，是不是在造口業？然後我去找其他人聊這些問題，又算不算是造口業呢？

答：前者是造口業，後者不算是。因為你去找其他人聊，是為了少罵人、少造口業。其實罵人也未必都是錯，但所謂對事不對人，人身攻擊就不對。如果你告訴某人他這樣做不對，罵醒他，令到他自己去反省，那效果又是不同的，這些不算造口業。現在很多人經常在網上人身攻擊，某人做了這件事，這個人就是壞人；這個邏輯是不通的。

問：疫情期間，很多時間困在家裏，上網時間很多，有時我們也會在網上寫出個人心情，或者對某件事發表一些反對看法，之後還會回頭看看網友反饋。於是乎，大家在網上罵來罵去，看到這些相互批評，心情也會變得很差。請問我們應該如何去處理這個問題？

五戒中妄語最易犯

答：佛教的五戒，殺盜淫妄酒，最容易犯的就是「妄語」。「妄語」包括很廣泛，比如有人寄給我的郵件，我不查證就轉發給其他人，已經犯了妄語戒。有時我們聽到很少資訊，就直接下定論，根本沒有證據，這也是犯了妄語戒。

其實我們應該保持一個態度，在沒有足夠的資訊之前，不要有太多意見。我們時會聽到有人說某某人是壞人，但很多時候我們並不知道實際發生了甚麼事情。比如有些人在街上罵人，說誰誰沒戴口罩。如果這個人本身有精神問題呢？所以我們要想想，這個人背後有何故事。我們要有點慈悲心，不要動不動就把全世界都當成壞人。現在人們看事情非黑即白，不是好人，就是壞人，還要把人分成不同顏色，這樣就亂套了。

問：現在這個世界真是個碎片化的世界，可能看了一條幾分鐘的視頻，就下了一個判斷；可是視頻之外，現實根本不是這樣的。

答：佛教講人有三毒，即「貪瞋癡」。貪，就是你喜歡的東西就想拿更多；瞋，就是你不喜歡的東西就推開它，你不喜歡別人這樣說，就認為他人很差，那個不一定對；癡，就是我們的妄想，甚至是輕度的思覺失調，思失調、覺失調，有錯覺、有妄想，而我們又基於這些妄想去評論別人。

就像你說的，那幾分鐘視頻可能是人家特地剪輯給你看的，令你產生錯覺，那麼我們就中招了。所以我們不要有太多意見反而是好的，你可以說我不會看，我沒有看法。但是現在很多人對於所有事物都有意見，這是個很大的問題。

問：現時手機、電腦很方便，我們可以看到的資訊不少，比如我們可以看到其他人的生活，也是一種窺視。您作為一名精神科醫生，怎麼看這個世界？您會不會去看這些視頻？去了解別人稀奇古怪的事情？

智能電話助長愚蠢

答：人都是好奇的，都想知道別人是怎麼生活的，但不應該浪費太多時間。剛才我提到，互聯網是一個知識的「大自助餐」。一般人去吃自助餐，都懂得找貴的食物吃才划算；但是在互聯網上，人們似乎專門喜歡挑垃圾來看，這就像是身處知識盛宴中而不懂得選擇。如果你選擇的對自己無益，那為甚麼要看呢？基本上看兩分鐘，就能了解這個視頻是否言之有物，可以馬上中止或者換別的看，有些更是一看題目就知道是假的，根本不需要浪費時間。

最大的問題是現在的年輕人，被網路影響，又不會分析，這是個大問題。智能電話並沒有增加我們的智能，反而增加了我們的愚蠢和白癡。同時，因為我們看的東西太多，過多的資訊讓你無法分析；第二，看完後我們經常把它當真了，又轉發給別人，那就更嚴重了。其實，我們真的有需要把手機放下幾個小時，捫心自問你和手機之間的關係，思考一下自己想學甚麼、想看甚麼，這才是重要的。要誠實地了解這個關係，自會知道如何使用手機。

我經常關掉手機幾個小時，或者即使手機響也不看，我知道誰打給我，稍後回覆他就好，其實有些電話是不需要回覆

的。你可以利用這幾個小時，讀一本有用的書，學一些有用的知識。網上有很多有用的資訊，比如有很多佛學視頻，一個多小時，雖然只有幾百點擊量，但那些都是好東西。

如果你的子女有手機，你要教他，要和他討論，為甚麼你要看這些內容？不是不准你看，而是要搞清楚為甚麼看，對你自己有甚麼益處，教會他這一點最重要。網上很多資訊，內容都是未經核實、亂編的，雖然亂編的不一定完全錯，可是準確率太低了。所以要教他如何使用手機，而不是禁止他用。如果打遊戲，愈打愈上進還好；若是消磨時間，那就糟了，時間那麼珍貴。退休了沒事做，天天對着手機無所謂，但時間完全可以放到更有意義的地方去。例如幫助別人、探望老人院的老人，自己也可以學點新東西，尤其是佛教徒相信有來世，現在退了休，可以讀下一輩子的書，如果能帶到下一世，不是很好嗎？

問：確實要和手機保持距離，但對年輕人來說太難了。

答：是很難。離開手機其實也是智慧的一部分。佛教經常說的兩句話：「福慧雙修、悲智雙運」，悲智的「智」，加福慧的「慧」，就是「智慧」。佛教是一個非常重視智慧的宗教，佛法也是，這些都屬於智慧。如果我們刷手機，看來看去都是無聊的內容，就證明這個人不那麼聰明。如果看完文章，能有幾點收穫，那你的智慧已經增長了，所以「福慧雙修，悲智雙運」是很重要的。

知識論予人莫大啟發

問：要做到這些，我們需要身心都健康，身體要健康、心理也要
　　健康，心理健康，才會增加身體的健康，然後在這個過程中，
　　提升自我效能，才能夠進一步達到我們想要達到的目標。

答：是的，但是現在很多廣告正在影響你。比如看到炸雞廣告，
　　你一看炸雞很好吃，立刻過去吃了。但是請記住，這些就是
　　需要提醒大家的，有甚麼東西正在影響你？你受甚麼樣的
　　影響比較多？你是一個甚麼樣的人？你怎麼看思考問題的
　　方法？

　　其實香港通識科路線搞錯了，通識科教一些關於社會的事
　　情，可是社會的事情是很難分對錯的。反而從哲學的角度來
　　講，有一個學科叫做知識論（theory of knowledge）。就是你
　　為甚麼相信這個，而不相信那個，這個很重要。你知道自己
　　為甚麼信，這個比知道小巴應不應該加價，或者比較哪一款
　　手機好，更重要。

問：知識的結構決定了你如何認識。

答：對。第一，你為甚麼會信？有些東西我們相信，不過是假的；
　　有些東西我們不相信，但卻是真的，應該如何分辨？我們相
　　信的那些如果是真的，那才是知識，就怕我們相信的卻是假
　　的。比如減肥，有人說要斷食，一種完全不吃東西的方法，
　　能減十幾二十磅，結果有人真的去斷食，差點沒命。可是為
　　甚麼你會相信這個呢？

　　如果一個小孩或年輕人，知道自己為甚麼要去信那件事，對
　　他們來說是一個很大的啟發，他知道如何去找知識，如何去

相信，如何成就自己的信念，這個非常重要。明白這些會一世受用，比知道正在發生的事情要重要得多。就像古人說：「授人以魚，不如授人以漁」。我告訴你這個是對的，和我告訴你如何得到相關的知識，後者更為重要。

寫下引發抑鬱的事情

問：鳳凰網網友提問，您是精神科醫生，抑鬱症的一個顯著特點就是社會功能的降低，疫情可能是一個誘發抑鬱症很重要的因素。請問抑鬱症的患者如何更好地自我保護？

答：抑鬱症如果很嚴重，一定要服藥；不是很嚴重，你要將引起自己抑鬱的事情寫下來。抑鬱是一種情緒，但是這個情緒出現時，你會有思想，會想一些事情，你寫下當時的想法以及所發生的事情，反省是甚麼事情引發了抑鬱的症狀，再看看當時正在想些甚麼，如果能改變當時所想，就能改變結果。這是一個「因緣業果」的問題。假如你是個悲觀的人，新冠病毒肆虐，不能外出時你在想甚麼？比如現在我感覺很辛苦，因為我最喜歡旅遊，但卻無法旅遊，這令我覺得很慘。可是你可以在網上「遊歷」，想去哪裏都行，YouTube 有很多影片可以看。

另外，如果你說準備去旅行，現在去不了，從好的方面看你省了不少錢，還節省了時間，那麼你如何利用這些多出來的金錢和時間？我們可以用不同的方法思考正在面對的問題，這叫做「認知」。你改變對事情的認知和行為，就可以改變情緒，這個最重要。所以這位觀眾提的問題，一個人如果有甚

麼情緒或是不開心，他需要回想一下整個情形，看看能做些甚麼，如果自己做不到，就要尋求幫助，找專業諮詢師或社工，甚至是心理學家、老師幫助他。

問：有網友說，自我效能的提升跟情緒關係是很大的，在危機面前如何調整情緒，讓自己更加積極？

答：最簡單的一個方法就是做運動，有研究證明，做運動對改善情緒有幫助，所以做運動會令自己更加積極。如果整天坐着或是睡覺，只是想着吃，吃多了又胖，減肥又減不下來，這一連串事情會讓自己不開心。但是做運動會較好，先做運動，改變行為，然後改變自己的認知，即改變想法，這樣就能夠影響情緒。

問：2021 年年初變種病毒已經在全球蔓延，又開始影響我們的生活，有一些人無法回到原居地，覺得很沮喪，甚至有種被拋棄的感覺，我們怎樣看疫情之下人們覺得被拋棄，或者無法達到願望？您會如何給這些人一些鼓勵？

答：自己能應付就應付，應付不來就尋求幫助。可以去跑跑步、看看書，但千萬不要自憐，自己可憐自己，我好慘啊，回不了家。既然環境有變化，你也應該有新的方法適應環境、解決問題。比如我不會煮飯，可是現在又不能外出用餐，那麼就學習煮飯。一定要以新的方法去應付問題，要以積極的心態去面對環境的變化。

疫情拉近心的距離

問：知道朋友不開心，我是不是應該時常打電話問候他、鼓勵

他，還是不要打擾他才好呢？

答：要和他聊聊天。政府呼籲保持社交距離（social distancing），其實用錯了詞語，應是身體距離，是物理層面的。就像我和你現在距離約兩米，是可以聊天的；但在社交上我們應該多鼓勵，只是要注意彼此間的物理距離（physical distancing）。即使無法去他家裏勸他，但是可以打電話，尤其是現在，人人都有手提電話，很方便。

問：雖然疫情繼續影響我們的生活，令我們保持了物理距離，但是我們心理的距離，跟朋友、跟家人、跟我們需要幫助的人，距離不會減少的，反而應該因此更拉近。

答：是的，這個很重要！其實佛教講「空」，「空」不是甚麼都沒有，是無一、無常、無主宰、無我。人是不想有變化的，但是在新的環境、新的挑戰中，我們就要變。不要害怕變化，變化也不一定是壞事。就算是 1918 年西班牙流感大流行，約 5000 萬人死亡，但兩年也就過去了；可能再來個一年半載，疫情就結束了。所以，思想要保持樂觀，但是行動要悲觀，要戴口罩、少出行、保持身體距離，多做防護。

結語：其實這個防護也不一定是悲觀的，它就是一個保險，更加地保險，但是思想上要一直保持樂觀，我們很快就可以走出這個疫情。

（高錫年居士　精神科醫生）

「講座視頻連結」

如何在「疫」境中學佛——悟緣起共生之理、行慈悲相護之事

　　新冠肺炎在全球肆虐，人心惶惶、社會不安，深深影響到人類生活的方方面面，聯合抗疫已成為當前各國政府和人民的頭等大事，關係到人類的共同命運和未來，各行各業都在羣策羣力參與抗疫，宗教也不例外。佛教即覺悟生命的教育，佛學即醫學，可以醫治生命中諸多苦病——包括當前的新冠肺炎。生命包括物質和精神兩個方面。科學技術已為戰勝疫情迎來曙光，但科學重在物質世界，疫情的最終消除離不開心靈治療和人心的改變。佛教重在心靈的探索和覺悟，佛學與科學相結合，可以更有效地對治疫情，防止類似疾病的再次出現。

　　從佛教理念來觀察，新冠肺炎等疫情的出現，是人類自己造成的！任何行為都離不開心，因此醫治和防範疫情必須從醫治人心開始。「心病則世界病，心淨則世界安」。疫情不是天譴，不是

世界末日，但亦非無緣無故。新冠肺炎有其自身的緣起因果，當然也一定會消亡。因此，正確樹立佛教緣起觀念，將有助於人們正確認識新冠肺炎，找到正確的解決方法。

從病理學方面來看，新冠肺炎是緣起，故亦無常，亦將消失；人們能做的、應做的或必須要做的就是同心協力，創造使疫情消失的增上緣。佛教已為當前的抗疫工作開出藥方：客觀正見疫情──不恐懼、不抱怨、不輕視、不推諉；找出其根源，制定和採取有效的抗疫方法，最終消滅疫情，從疫境中解脫出來，這就是佛教病理學「四聖諦」理論的應用和實踐。

佛陀是大醫王，佛法是佛陀開出的藥方，人們若能按佛法藥方，依教奉行，人類的生死問題都可以解決，何況新冠肺炎病疫呢！

以下我把對新冠肺炎和佛教慈悲精神及智慧理念相結合，跟大家分享一下。主要從兩個方面講，第一個從智慧和慈悲兩方面來認識佛教；第二個就是疫情當中好學佛。

慈悲和智慧

佛教的慈悲和智慧，就等於人有兩足，或是鳥之兩翼，缺一不可，所以佛陀稱為「兩足尊」，他是人中最尊。智慧在佛教裏面就是覺悟緣起，就是因果。慈悲就是予樂拔苦，到了大乘佛教就是大慈大悲，無緣大慈，同體大悲。疫情可以成為我們學佛的增上緣，成為我們真正體悟佛教智慧、實踐佛教慈悲的最好時機。

最初的「緣起法」就是「此有故彼有，此無故彼無；此生故彼生，此滅故彼滅。」佛陀的侍者阿難陀曾經問佛陀，如何用一

言以貫之博大精深的佛法，佛陀的答案便是「緣起法」，並說能見「緣起法」者即見佛，見佛者即成佛，就能夠覺悟。緣起法看似容易，但要真正明白卻十分困難。我們只能夠從理念上，相信「此」和「彼」之間肯定是有關係的。

「緣起法」非常深奧，它是世間真理，但理論形式並不是一成不變的，從最初的「十二因緣」，到大乘佛教的「八不緣起」、「阿賴耶識緣起」、「法界緣起」和「如來藏緣起」，都在不斷地變化。雖然理論在變，但其真理未變。所以就佛教的「緣起觀」來講，我們要從因緣的角度認識世界，認識每一個人。

從緣起的角度看，世界無善惡之分，只有因和緣，有善緣和惡緣，沒有善人和惡人。如果用佛的智慧看世界，可能會減少很多紛爭。緣起重在「緣」，因也是緣。換句話說，你要找到新冠肺炎的第一因是不可能的，因為因上有因，是一個循環。所以不管它是甚麼原因，而是要知道現在應該怎樣去做，這就是佛教智

慧。世界有緣起，人生有因果規律，因果規律是緣起的一部分。因緣或緣起，把人與人、人與社會、自然界之間，緊密地結合成為一個命運共同體，這是不可分割、同利害、共命運的，一損俱損。

萬事萬物都由因緣而生，因和緣本身就決定結果，這就是佛教的「緣起」。佛教智慧觀緣起當中最突出的表現方式，就是「四諦」──苦、集、滅、道，從「四諦」可以看到過去、現在、未來，三世二重因果之間的關係，說其為佛教的病理學也不為過。「苦」是一種真實的存在，人生是苦，生在娑婆世界就是一種苦。苦的原因從理論來講，來自人類的貪、瞋、癡，但從事實上來講，我們就很難明白。

因為苦，我們就要知道苦的原因，然後採取措施消滅苦，達到一種「滅」的境界。佛陀曾經告訴弟子，他一生當中只講了兩件事情，一件就是「苦」，就是要叫人承認這個世界是苦的。只有承認它、接受它、才能夠面對它。第二個就是「苦滅」，就是怎麼解決這個苦。這是兩個問題。所以佛教有「四諦」、「八正道」，「八正道」開出了很多法門，教導我們如何解決人生的痛苦，這是智慧。

修慈心先愛自己

以下講一講慈悲。在早期佛教裏面，慈和悲是分開的，所謂「四梵住」──慈、悲、喜、捨，是一種禪修的方法。大乘佛教把「慈」和「悲」分開，有所謂「大慈大悲」，叫「無緣大慈，同體大悲」。「慈」是講每個人都要有予人為樂之心，即慈心，祈福人類

眾生能夠得到快樂，就是給人快樂是一種禪修方法。每個人的心地是不可思議的，坐禪的時候，要把你的慈心發出來，希望所有人，乃至一切眾生都快樂，這就是「慈」的修行方法。

「慈」的修行在早期佛教是有次第的。首先要對自己慈愛；一個不愛自己的人是很難愛別人的，這是佛陀以人性觀察出來的一個真理。佛陀時代有很多國王皈依佛陀，其中有位非常虔誠的佛教徒波斯匿王，他和皇后非常恩愛。某日，國王突然動起念頭問皇后：「你的最愛是誰？」皇后思索了一下，說：「你是想聽真話還是想聽假話？」國王說：「想聽真話。」皇后就說：「我最愛我自己。」國王聽了以後當然不開心，一夜沒睡好覺。第二天一大早，他去請佛陀評評理。佛陀說：「皇后的說法是對的。」

每個人修慈心都要從自己開始。佛陀看透了人性，再從人性的基礎上講佛法，對症下藥，逐漸把慈心擴展到所愛之人、陌生人、冤親債主，最後普遍擴散到一切眾生。所謂的平等、普遍、圓滿一切眾生，如母愛子，來愛一切眾生。所以十方三世、四維上下的眾生都要平等地給予，這是聖者的修行。一般人也要從次第的，先愛自己然後修行，佛教是非常講次第的。

當然「慈」要對治瞋恨，瞋恨能焚燒我們的功德，所以「慈」對於我們的現實生活，乃至對於我們的修行，都是非常重要的。南傳佛教有一部經典叫《慈經》，就是叫人由心念祈願自己和一切眾生都能夠快樂。如果有這種慈心，你就能夠受到保護，不受外界妖魔鬼怪的侵害。

《慈經》的來歷有個典故：當初有 500 個比丘在深山老林裏修行，荒野有很多動物，乃至有很多樹神、精靈來打擾他們，令

他們坐禪的時候不得安寧。這 500 個比丘請教佛陀應如何保持心定，如何修行。佛陀就說了這部《慈經》，囑其把心念集中起來，憶念其他眾生，發願我要自己快樂，要使所有眾生快樂。通過不斷地修行、憶念，妖魔鬼怪或其他動物都不會侵犯。

修「慈」非常重要，佛教講「慈無怨敵」。其實怨敵是否存在，取決於心中是否有怨，有怨便會認定其存在；如用「慈」充滿心靈，怨就不會存在，你就沒有敵人。所以修「慈」在早期佛教和上座部佛教裏面非常重要。修慈有 11 種功德，其中有非人喜歡，就是其他眾生，包括天人、妖魔鬼怪；然後天人護佑，就是天人能保佑你不受火、毒、武器傷害，這些都是「慈」的功德。

四梵住裏面的「悲」，是一種憐憫心、同情心，把別人痛苦消除掉的那種心。到大乘佛教不但要有這種心，更要有這種行，那就是所謂的「大悲」。當然，修「悲」在上座部佛教裏面也是有次第的，首先要向那些可悲的人修「悲」。如果一個人無可悲之處，你的悲心是生不起來的。所以佛陀非常強調「悲」的次第修行。首先要向那些可憐的、逆境艱難的窮人、孤獨人，生起悲憫之心，然後逐漸地由外向內。作惡之人受到懲罰，但是我們不能幸災樂禍，而是要悲憫他。然後再向親愛者、中立者修悲心，最後才是怨敵，這樣一個次第。

早期佛教重視意念，大乘佛教重視行動，所以講「無緣大慈，同體大悲」。「無緣大慈」就是眾生平等，沒有你我、醜惡美好之分。就是「畢竟空」，在一個空的角度，空去所有分別心，再探討所謂的「無緣慈」。「無緣慈」是通過自樂樂他，從自己到眾生，乃至到所謂法的平等，到空的平等，最後達到一種所謂的無緣，

就是沒有任何條件的眾生平等。對所有人都採取「慈」，通過自己給他人快樂。「同體大悲」就是由人及己，別人痛苦我也痛苦，別人生病我也病，要想方設法來拯救他人，這就是菩薩精神的「同體大悲」。

大乘佛教講悲心、菩提，講成佛，把「悲」提高到最高層次，悲成為菩提心，要拯救眾生的心。要想成佛就要有悲心，就要救護眾生，所以上求佛道是智慧，下化眾生就是慈悲。智慧和慈悲是一體的，是一種辨證關係。很多人祈求佛陀的智慧，祈求佛陀的慈悲，如果看大乘早期經典，學佛就是給人以智慧，給人以慈悲。

好學佛

第二個大問題就是「疫」境當中好學佛。有句古話「平時不燒香，臨時抱佛腳」，這句話很中肯。中國人的宗教情感相對薄弱，我們受儒家文化影響，信仰感情淡化，但出了事以後能夠反省，能夠認識未來怎麼做，這並非壞事。所以，「疫」境給我們一個非常好的學佛機會，讓我們靜下心來反思。現在所面臨的問題都是人類自己造成的。過去我們太忙碌，忙着賺錢，忙着勾心鬥角，忘了自己，忘了己心，不審自己的行為，所以自然災害、天災人禍是必然的。

人類是善忘的，一直在苦難當中，已經麻木了。現在疫情給我們很多啟示，令我們正視自己的行為並適當改善。佛教很少講果，就是未來怎麼樣，而重在當下應該如何去做，亦即反省和重新認識，所以疫情可以成為增上緣。學佛需要緣，疫情之下，再

加上佛法，令我們了解疫情如何產生，應如何解決，人類要怎麼做。從逆增上緣或增上緣來講，疫境給我們一個非常好的學佛機會，讓我們重新認識自己在世界中的位置。

過去人類非常自大，把自己看成世界主宰。其實從緣起或慈悲的角度，人類只不過是宇宙中的一類眾生，地球只不過是宇宙中的一粒微塵。我們必須和其他眾生（包括法界眾生）同命運，而且還要主動承擔責任，像菩薩一樣拯救其他眾生。疫情給眾生帶來苦難，解決這個苦，我們要自救才能救他，自救和救他並行。

大乘佛教到處都是關於菩薩智慧和慈悲的理論和實踐，如「我不入地獄，誰入地獄」，還有《維摩詰經》裏面「人病己病」。維摩詰生病了，佛陀派文殊師利菩薩去看望。維摩詰居士說他沒有病，他病是因為眾生病，他病了以後很多人去看望，他就借此機會講經弘法，度化眾生。這就是菩薩的慈悲與智慧。苦難當中好修行，只有真正認識世界的苦，你才有動力去離苦，才能真正用心去找方法。過去有苦行，就是要真正地在「苦」中認識佛法。佛法是真理，能夠把我們從苦難中解救出來。

公元 12 世紀有很多遣唐使，其中一個著名的日本和尚叫道元禪師，後來他回到日本，創建了「曹洞宗」，是日本「曹洞宗」初祖。他到中國後到處遊學，有一天經過一座小寺廟，看到一個老和尚在烈日下曬辣椒。我們知道在烈日下曬辣椒，味道非常嗆，道元法師問：「老和尚你這麼大年紀了，為何在炎炎烈日下曬辣椒啊？」老和尚回了一句：「此時不曬，更待何時？！」因為只有在烈日之下，青椒變熟了才能夠儲存起來，就是正合時，換句話說苦難就是最好的時機。道元法師恍然大悟。

從佛教病理學來說，疫情之苦是過去行為的結果，無法改變，是因之果，是客觀現實。要改變這個果，必須要再創造因，但既成事實後，你很難改變它，只能夠接受它，了解它，最後解決它，佛教就是這樣。你要承認苦，既不悲觀逃避，也不樂觀輕視，而是客觀地找出解決方法。如何解決？當然需要科學，佛學和科學並不違背，而是一致的。當然科學有科學理論和方法，佛教認為人性決定世界本質的苦。在娑婆世界當中，雖然外界是苦，當你的內心充滿慈悲喜樂，這個苦就影響不了你。所以修行很重要，你無法改變世界，就只能改變自己。改變自己，這個世界也就改變了。

佛教有三苦、八苦、無量諸苦。三苦第一個就是「苦苦」。對於智者而言，苦是果，必有因，而且是自己所造，一旦苦成如影隨身，離苦必須從因着手。新冠肺炎終有一天會消失，因其是因緣所生，不是一成不變的。它現在有生、住、異、滅，「異」就是變異，新冠肺炎的變異，就是另外一種新的肺炎出來了。

佛教裏的「因」也是「緣」，沒有第一因，也找不到主因，佛教不講「因起」而講「緣起」，「緣」有很多，很多緣和合而成。理論上我們都明白，新冠肺炎的出現肯定是有因，或者可能有很多緣，但到底甚麼因、甚麼緣？從事上面來講是很難明白的，只有留待科學家去探討。我們只要知道和人類有關係，不必追求所謂「第一因」，不要等到發現第一因後才治療，這在佛教的《箭喻經》裏面講得很清楚。

還有，我們要明白甚麼樣的行為造成了甚麼樣的果。新冠疫情，不管是鳥類或其他動物傳給我們，還是人類傳給自己，其實

都是由我們的貪、瞋、癡，特別是貪心和愚癡所造成的。從理論上講我們要避免這些行為。但既然做了，就要承認它，了解它，並想辦法解決它。這就是佛教的「道」。中國的「道」很講究，既可以是《道德經》的道，即最高真理；也可以是道路的道，即方法。所以在中國哲學中，方法和終極關懷是一致的，這也是佛教之道。現在我們只講方法，因為終極關懷或者佛教「涅槃」，那是一種形而上的理念，只有聖人才能證到的。

治療疫情要結合科學方法和佛教方法。科學方法，就是研發疫苗，制定科學防疫指引，這是佛教徒也必須遵守的。佛教方法，就是要身心不再造這個因，沒有疫因就沒有疫果；通過智慧和慈悲，消除這種造成疫情的行為以後，世界就會逐漸朝好的方向發展。

最後一個「滅」，就是疫情之後怎麼辦？「滅」究竟是「寂滅」嗎？佛教講「寂滅」就是涅槃了，再也沒有痛苦了。但我們知道新冠疫情結束後，將來還會出現其他疫情，這是人類的悲劇。所以我們要不斷努力，徹底地解決這些問題。在佛教裏面，只有修行「八正道」，才能夠真正地從心開始，不再造這些業，沒有這些行為，也就沒有這個結果了。

命運的共同體

至於慈悲護眾生，很多人會問，我們為甚麼要慈悲？這是一個可笑的問題，但也是非常實在的問題。我慈悲對我有甚麼好處？你這麼壞，我為甚麼要對你慈悲？或者我和你有甚麼關係，為甚麼要對你慈悲？正因為這樣，我們很多人不懂慈悲，不願慈

悲，因為不知道自己和他人之間的內在聯繫，是一種緣起、一種因緣，或者因果關係。

佛教認為所有眾生是一體的，一個命運的共同體，有千絲萬縷的關係。有人說，我和美國人沒有任何關係。要知道，首先我們同是人類，其次大家都在同一個地球上，所以或多或少，或直接或間接，都有一種內在的聯繫。過去我們很難理解，現在科學發達，「蝴蝶效應」就是證明我們每個人的呼吸和世界上的眾生都有密切的關係。這也是大乘佛教華嚴思想「因陀羅網」當中的眾生命運共同體。世界是一個網絡，把我們每個人都聯繫在一起，一動百動；一個人動了，其他整體變了，整體變了，每一個都變。這是佛教的「法界命運共同體」。

眾生有一個共同的特徵，就是都怕死，都喜歡快樂，那麼我就要推己及人，不要傷害別人，要給別人快樂，這就是佛教的理念。別人怕死，我怕死，所以不能殺生。我祈求慈悲，祈求佛菩薩的慈悲，我也把慈悲傳給別人。所謂的同體和共生，是自利和利他的關係，這個道理非常重要，唯有幫助別人才是真正地幫助自己，這是一個辨證關係。很多人在這方面有誤區，就是我幫你是我的損失，好像我給你錢我就損失了。其實不然，佛教講功德，功德是無形的，你把外在有形的錢送出去後，給人快樂，回饋給你的是功德，是無限的、無量的，這就是佛教的自利。還有，菩薩要成佛一定要利他，加在一起就是自利和利他。如果把成佛看成自利的話，你不利他，就無法達到最終的自利，這就是菩薩道。

承認當下的因緣

接下來談談當下承擔。如何行菩薩道？其實就是當下承擔。很多人都沒有感染新冠肺炎，但有些人感染了，會問為甚麼是我？人遇到困難、痛苦或困境，多數會問這個問題。我在美國上學時，住在愛荷華州，是美國龍捲風最密集的地區。到了夏天龍捲風非常多，龍捲風所經之處無堅不摧，旁邊十幾米，哪怕是幾米的地方，也不可能安然無恙。某次龍捲風經過後，把一個非常虔誠的基督徒的家摧毀了，他非常痛苦地說：「我信仰上帝，為甚麼是我？」後來，一位神父接受採訪，神父反問：「為甚麼不是我？」

「為甚麼是我」和「為甚麼不是我」，中間是否有絕對的定論？有，但我們很難發現。佛教認為「為甚麼是我」或「為甚麼不是我」，是你自己的行為，就是你此時此刻在這個地方，肯定有很多因緣所在，不是無緣無故的，所以你要接受這個事實。因為你無法改變，如果你還想改變，那麼只有痛苦。所以只能承認因緣所生，心平氣和地接受，然後逐漸改造它，例如對那人來說，再造房子吧。

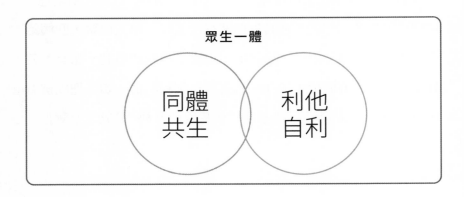

其次，當下承擔就是人間事人人有責，不管是好是壞。香港的事，每個香港人都有責任；地球上的事，每個地球人都有責任。人類世界的演變，與人類行為密切相關。《長阿含經》裏有一部《起世經》，講人類是從光音天來，到了地球以後，對地球不斷破壞，生態環境不斷惡化，這些都和人類的貪、瞋、癡密切相關。最後人類貪到幾乎把世界毀滅了，只剩下幾個人逃到森林裏，不得不自我反省，本來一個好好的地球，為甚麼把它破壞成這個樣子？最後再從五戒、十善行起，令到人類再重新發展起來。《起世經》警告我們不要以破壞環境來滿足我們的欲望，你破壞環境就是在破壞你自己，最後結果就是與環境一同毀滅。

人類彼此之間都有關聯，就是佛教所講的別業和共業，我的業力和周圍人的業力，或整個人類的業力之間有千絲萬縷的關係。「正報」是我自己，「依報」是山河大地，正報和依報之間又有一種必然的聯繫。理解這些後，你就能真正認識到首先要對自己的行為負責，再對他人乃至周邊環境負責。如果能做到這一點，就非常好了。怎樣做到呢？就從緣起的角度，學習佛陀的慈悲和智慧。

怎麼學佛？佛是大醫王，法是治病的藥方。但佛菩薩不是萬能的，他很多時候都無能為力。弟子不聽話，他就自己到深山老林裏去禪修；當時社會有民眾反對他，他也安然接受。因為他無力改變那些人。佛陀只能把法教給你，至於怎樣做是你自己的事。佛是醫生，開出藥方，但最後能否治好病，還要靠你自己。換言之，你能不能接受？接受以後，你能不能實踐？這個要看你自己。我們學佛，是學他給予我們的法。佛就是法，法就是佛。

佛法亦是離苦得樂的方法，如何離苦得樂？就是緣起的智慧和利益的慈悲。

　　一般人理解的學佛有兩個，第一個是求佛保佑，臨時抱佛腳，這個無可厚非，就怕臨時還不抱佛腳，死不悔改。真正有因緣來抱佛腳的，他一定能漸入佛門，乃至於從求佛進入到學佛。所以從佛教角度，求佛能獲得佛陀的保佑，這裏面有一個「感應道交」的問題。在大乘佛教經典中，因為菩薩要成佛，他必須發大願，他的大願就是救護眾生。那麼大願和我們祈禱的這個心，心心相印以後產生一種感應，這就是拯救的力量。這種力量是不可思議的，雖然現在科學還無法證明，但是我們可以從遙感效應方面來理解。

　　舉個例子，空調遙控器一打開，就有了冷氣效應，這就是遙感。所以「自利」，自己希望拯救的心，和菩薩拯救別人的心產生了感應以後，就產生一種不可思議的救護力。但佛教經典也說「佛不度無緣之人」，有人說我祈求了很多，我也很虔誠，但是佛菩薩不保佑我。為甚麼呢？佛教講緣起，從這個角度講，不是佛陀願力不行，而是我們的方法，或者我們的起心動念不一樣。所以你祈求佛，必須因緣俱足，和你的心產生一種增上緣，產生效應以後才能有效果。所以最終是求佛不如求己！因為你求佛菩薩保佑，菩薩只能保佑一時，不能保佑你一生，人生始終要靠你自己去把握。所以學佛可以求佛，求佛不如行佛。行佛就是學習佛法。從求佛到學佛，學習行菩薩道，行佛陀之所行。從求智慧、求慈悲，到覺悟智慧，行菩薩道。用緣起的觀點看世界，這個是智慧。

自護護他

最後講講佛教裏面的智慧和慈悲，到底怎麼應用。有個小故事，我們都看過雜技，雜技演員把一根柱子綁在身上，然後其他人在柱子上面表演。一位老師傅對徒弟說：「我保護你，你保護我，我們要配合，這樣才能夠保護大家。」徒弟說：「不是的！你只有保護了你自己，我保護了我自己，我們才能相對安全。」自護護他，護他自護，這個就是佛教的智慧和慈悲，在當前的疫情中非常重要。你必須有智慧才能保護自己，你保護了自己才能保護他人，保護他人就是慈悲嘛！從這個角度講，我認為佛教的慈悲和智慧，可以確實地應用到當前的防疫、防治工作中去。

新冠肺炎給人類的啟示，促使人類反思，但反思之後必須懺悔，對過去的行為懺悔，對所造成的結果懺悔。懺悔也就是反思，「懺」就是懺其前愆，「悔」就是悔其後過。過去所做的不要再做了，已經做成的過失就把它消除掉。有這種心態，才能不斷地改造自己，改造世界，最後達到人間淨土的出現。

對 談 錄

問、結語：曾瀞漪　答：學愚教授

問：如何在「疫」境中學佛，我想前提是要跟佛有緣吧！請問教
　　授，甚麼是有佛緣？

答：這個很難理解。我們只知道果，就是你已經和佛教有緣了。

但到底甚麼叫佛緣，甚麼時間結的佛緣，很難知道，可能是前生、前前生，這個問題很複雜。某種意義上，佛教講的緣，可能只是我們當下要怎麼做，如何再結這個緣。過去的我們無法知道，但是我們知道今天的。過去可能說有緣、無緣，它最後還是有個果，果亦可以是緣，無論過去怎樣，那麼既然已經進入佛門，或者看到佛像，親近了上師，那麼這就是一種緣。

從果來反推，肯定有因！因就是緣。如果用心去看，世界上的一切都是佛緣，都能夠啟示我們進入佛門、學習佛法。有一個笑話跟大家分享，有一個人被淹了，因為他信上帝，一定要上帝來救他。後來有船、直升飛機來救他，他都不願意上，最後他去世了。到了上帝跟前，他就抱怨，我這麼虔誠地信仰祢，為甚麼不來救我？上帝就說，我派船救你，你不上船；又派飛機救你，你也不上飛機，那叫我怎麼救你啊？當然這是一個故事。其實船和飛機都是一種緣，我們講佛眼看世界，如果用佛陀或智慧的眼光看世界，一切眾生皆是我的緣，如何珍惜這個緣，借用這個緣，那就是個人的修為問題了。

相見之人肯定是有緣的，如同每件事情都必然有它的因果關係。如果由這個道理推論，不管它是因還是果，但它形成以後肯定是因和果的結合體，就要去承認它，然後進一步去創造一種新的因緣，成就更好的未來。我認為這是佛教裏面所探討的所謂緣，有緣、沒緣的問題。

佛緣與因果

問：教授，如果有人說您很有佛緣，請問您心念當中起的是怎樣的想法呢？

答：當人說我有佛緣時，首先是認為我的行為肯定給別人產生一種效果。在他的眼光中，從我身上看到他所知道的佛教形象。我認為這是一種好的說法。就像我們看到佛像，從某種意義上說，可能不一定有佛緣，例如在百貨公司也可以看到佛像，但如果沒有想到佛教，那就是見到佛亦無佛緣！有人可能只把佛像當作藝術品、裝飾品，但如果能反思一下，佛像是一個代表、象徵，通過這個緣或媒介進入佛教，或者從學佛，然後行佛，我認為這也是好事情，也是佛緣！

問：「佛法不度無緣之人，法雨不潤無根之草」，既然佛願意幫助那麼多人，為甚麼他做不到那麼多事情呢？剛剛說佛緣，可實際上很多人是沒有佛緣的，佛也幫不了他。為甚麼會這樣？

答：我們很多人可能一生之中迫切地希望遇到佛，但是遇不到；而有些人無意中進入佛門，之後學佛、出家。當中有一個「緣」的問題，「緣」是一個不斷變遷的過程，不是固定不變的。現代人有現代人的因緣，佛教就用現代的因緣來度化現代人，這叫做對症下藥。佛教有八萬四千法門，每一個法門都有用，就像藥一樣。現在眾生的病和佛陀時代眾生的病，有很多相似的地方，都是貪、瞋、癡引起的。但是具體的表現形式不一樣，那就需要用現代的方法來對症下藥，然後治療它、解決它。這就是佛教所講的契機和契理。

有智慧的慈悲

問：佛教說「菩薩畏因，眾生畏果」。如果要解除這個果，就要形成另外一個因。在形成一個因去解決一個果的過程當中，因起果現之時，我怎麼知道是不是反倒造成惡果了？我真的很想去解決這個問題，但這個惡果不是我能預見的，也不是我讓它出現的。那麼我們如何去看這個度，如何才會有好的因，不要出現惡的果？

答：菩薩不是畏因，而是重因。因為他知道這個因會產生甚麼果，他能夠預測到。就像我們知道今天做的事情，可能會影響明天的生活，很多人就不計後果去做。但一個有智慧的人，像菩薩這樣，他就知道，他很重視這個因。到底這個事能不能做？能做他肯定就去做。我認為菩薩是明因，若作這個因，必有這個果。

過去很多人認為佛教是宿命論，其實不然。佛教是現實論，

因果不是定律，它是一個規律。在南傳佛教裏面，特別是在《那先比丘經》裏面，有一個非常好的比喻。一個人扔一塊石塊，扔的力度、石塊的大小，決定了石塊掉下來的位置。從物理學看是一條拋物線，人扔石塊的力度決定了拋物線的範圍和距離。但如果在有外緣的情況下，如有大風或其他東西擋住了，那麼石塊掉下來的地點就會變了。所以佛教講的這個因果關係，就是你的潛能，你種了這個因，會產生這種果。換句話講，在輪迴中，人掉在哪個地方——出生在哪裏，是前因決定，即有這個可能性，但是還是要有緣，外緣很重要。如果有善緣，本來你掉在河裏，可能水流把你轉落到陸地上；本來生在貧困之家，可以轉生在快樂或有錢人家。這就是一種緣，所以佛教的結緣非常重要。那麼到底怎麼知道是善緣和惡緣？很多人說我幫助別人，有時好心辦壞事，或是好心卻被人欺騙的，這樣有沒有因果？有沒有「善有善報，惡有惡報」？

我認為，佛教因果關係或緣起，是從「因」而不是「果」的角度來講。「因」是你做這件事的行為，是出於善還是惡，由你的起心動念所決定，和它的結果沒有多大關係。只要你出於善心，即使可能產生不好的結果，但這個行為也是善的；但如果你的起心動念想害人，但卻結果做了好事，那麼從佛教角度講，這個行為就是惡的。佛教是一個心性學，從心的角度來看待或判斷善惡。所以很多佛教徒可能說，我做好事或者我心太好，我慈悲反而被人欺騙。沒關係，只要你起心動念是好事，就是善。

其次，你要從被別人欺騙的事件中學到東西，那就是有智慧。如何來判斷？佛教說了，不是甚麼人來求你，你都給他。像吸毒之人跟你要錢，你給了，他馬上去買毒品。你是在害他，還是在幫他呢？佛教的智慧和慈悲必須在一起，沒有智慧的慈悲就是一種爛慈悲，沒有慈悲的智慧也是非常可怕的。科學的發展，令人只要有本事就能夠掌握科學武器，就可以侵害別人，那是非常可怕的。所以佛教講慈悲和智慧必須結合在一起，是我們人類不可缺少的。當然這個慈悲和智慧有高有低，我們必須有次第地、逐漸向佛的慈悲和佛的智慧發展。

減少「我」的執着

問：談到共生，很多情況下出現人與人之間的衝突和鬥爭，這跟「分離感」有很大關係。很多人認為你就是你，我就是我，教授認為該如何培養「一體感」？

答：一體感，我的理解就是同體共生。佛教講眾生平等，實際上就是因為眾生不平等，所以才講眾生平等。眾生之所以不平等，是因為業力不一樣。我們生活在香港，和生活在歐洲、非洲的人不一樣，但是我們有佛性，都能成佛。我們的潛能、機緣，都是平等的。但是還有外緣，外緣很大程度是不平等的。我有我的因緣，你有你的因緣，因緣不一樣，就是不平等。這個不平等的過程，產生了很多種人或眾生。人之所以是人，有貪、有瞋、有癡，把人分裂為不平等；本來我們都有佛性，都可以共同地為自己、為他人做事，但是因為人我

分別，這是我的，這是你的，所以矛盾衝突不斷。

早期佛教講無我，來對治世界對「我」的執着。如果你把所謂的這個「我」消除掉，「無我」也就不存在了。所有佛法都是在對治世間法的，它是非常現實的，不是一個孤立的存在，它是能夠被我們應用的。就是說我們如何解決生命當中的問題，因為我、我執。比如說我和你認識，我們是朋友，和陌生人就會有距離、矛盾，產生利害衝突，這就是人類痛苦的一種根源。佛教就是要用「無我」的思想祛除「我」的執着，並逐漸擴大這種思想，如果大家都成為朋友，這個世界的矛盾可能就會淡化一點，但矛盾可能不會完全消失，消失的話就不是人類了。它肯定會存在，只是可能稍微地淡化、削弱一點，然後人與人之間的關係更加融合，世界更加美好。

問：您現在做很多事情令佛法讓更多人知道，不管是在「一帶一路」的推行上，還是在佛法的實證上。那麼佛法對於亂糟糟的現世，究竟可以起甚麼作用？

答：這個世界本就亂糟糟的，不管在佛陀時代還是現在，現在可能更亂。佛法是一門方法論，它是一個理，把理論的東西變成實踐的方法，是要我們佛教徒去探討的課題。佛法在 2,000 多年前就已經創造很多文化形式，幫助我們解決一些問題，不管是心靈的、物質的，還是精神方面的。

中國文化深受佛教文化影響，然後佛教文化也有所改變，演變成中國文化的一部分，所以佛教中國化和佛化中國是一個相互的問題。在這個過程中，佛教確實為中國文化、社會、人民作了非常大的貢獻。在這次疫情中，很多佛教文化都可

以幫助解決問題。比如可舉辦一些小型法會，令佛教徒可以懺悔、念佛、禪修，減輕心靈的壓力。疫情之下有人患上憂鬱症、恐慌症，也可用佛教思想去解決，去靜坐，去禪修。

剛才說要有慈悲，慈悲後你就不會痛苦了，然後再逐漸提升，把行的經驗告訴別人。我認為禪修、念佛，乃至很多的佛教法會文化是非常好的。在神聖的環境中，你能夠一心不亂地跟隨大眾一起念佛、一起拜懺，短短的時間也是一種解脫。現代很多人都心太累了，因為沒時間反省，也沒有時間參加法會、禪修。疫情當中，如果能抽出一點時間，至少從改變自己做起，改變自己的觀念，然後改變他人，這個世界可能就會稍微有點改變。真正的改變，就要每個人都這麼做，或許很難，但是可以的。

緣起共生、慈悲相護

問：如果跟佛法有緣，即使是短暫念經、拜懺，都可以幫助我們短暫地脫離苦海。在離苦當中，慢慢找到一個幫助自己的方法。最後請教教授，如何看緣起共生、慈悲相護？

答：緣起共生、慈悲相護，我認為是大乘佛教的一個重點，也是我們每一個大乘佛教徒都在做的事。所謂「緣起共生」就是人與人之間、人與社會之間，是一個命運共同體，這個命運共同體就是自利利他，自損損他。

很多人感染新冠肺炎，到底從哪來的不太清楚。有推測是從動物來的，這就說明了我們對動物的態度和行為有問題了。生態受到破壞，很大程度上是人類的行為造成的。我們應該

反思，用佛教的「緣起共生」理念，詮釋現代人與人、人與社會、人與自然的關係，使社會更加美好。理解到我們是這個命運共同體的一分子，但是我們又能影響其他，乃至整個世界。

佛教有「因陀羅網」，現實世界有互聯網，兩者是類似的。佛教的因陀羅網，是說我們都是這個網上的一個節點，這個點和其他的點，你、我、他，和其他動物、植物都有關係。所以從緣起角度看，你就不會去破壞世界來滿足自己的欲望，而是在符合大眾的、可持續的，既能讓人類發展，又能在生態平衡的前提下步步發展。這就是佛教的緣起共生。

佛教的慈悲和智慧是一體的。理解了佛教的智慧，你肯定會慈悲，因為你損害他人來達到自己的目的，也會受到這種行為的結果的懲罰。所以只有大家一起發展，自利利他，這個世界才能更好。所以佛教講慈悲，對自己、對他人、對整個世界，眾生平等，而不是唯我獨尊。

結語：當我們都明白「眾生命運共同體」的概念，就能夠利用我們的智慧和慈悲，在這樣的環境當中和諧共存。

（學愚教授　香港中文大學「禪與人類文明研究中心」主任）

「講座視頻連結」

如何在「疫」境中「度一切苦厄」

李焯芬

災害令人類蒙受巨大損失

2020 年是極其不平凡的一年，新冠疫情為全球帶來極大的影響與災難。我們回顧一下人類社會發展的歷史，不難發現，在過去的 2000 多年裏，疫情偶然也會發生。《瘟疫：歷史上的傳染病大流行》（*Plagues in World History*）一書就有詳細的統計，從歐洲到拉丁美洲，到中國，乃至到全世界，不同國家在不同的歷史階段，都曾受到瘟疫的影響，每次遇難的人數從幾百萬到幾千萬人。其實，在人類社會的發展史裏，瘟疫經常發生。除瘟疫外，還有其他的天災，像我們熟知的地震、山崩、水災等，所有災害的共通點就是令人類的生命財產蒙受巨大的損失。

不同的是，地震、山崩、水災儘管來勢洶洶，但一下子就過去了。可瘟疫，以我們眼前的新型冠狀病毒為例，已經持續超過

一年了。人類社會可怎麼去面對以及防治這些災難呢？

瘟疫的對治方法：疫苗！

回顧一下疫苗研發的歷史，天花疫苗大概是 1796 年面市，霍亂 1879 年面市，傷寒、鼠疫、麻疹等疫苗，大概都是在過去兩個世紀之間出現的，是現代醫學快速發展的時代。疫苗面市後獲廣泛應用，各種瘟疫的威脅也就慢慢地減少了；但也不是完全歸零，只是受到控制。現代醫學為控制瘟疫做出了巨大的貢獻。我們現在面對的新冠病毒也是一樣。

英國已率先使用新冠疫苗，2020 年 12 月 8 日已開始為民眾接種，英國衛生部表示每星期準備為超過 100 萬人接種疫苗。其他國家如俄羅斯、美國及中東、拉丁美洲等地都已廣泛使用疫苗了，專家期待疫苗廣泛接種之後，市民生活會慢慢恢復正常。預計 2021 年下半年，疫情會逐步受控，可能到了 2022 年，情況就會有很大的改善，即便偶爾仍有人感染，但對整體社會的影響就

如何在「疫」境中「度一切苦厄」

小多了。

　　中國在疫苗研發方面也做了不少努力。現在中國疫苗不單在國內廣泛接種，世界很多國家也爭相搶購，已有幾十萬人接種，也沒甚麼特別嚴重的副作用情況。至於香港，食物及衛生局陳肇始局長稱，希望 2021 年下半年能為全體香港市民免費接種疫苗。即是說，香港也跟其他國家地區一樣，估計情況會慢慢改善，社會生活能慢慢恢復正常，明年就更好了。

人類史上瘟疫概況

	時間 / 地點	疫疾	估計遇難人數
1	165 年－180 年　羅馬帝國	麻疹或天花	約 500 萬人
2	217 年　中國（東漢）	傷寒	逾 1000 萬人
3	251 年－271 年　羅馬帝國	麻疹或天花	約 500 萬人
4	541 年－542 年　地中海沿岸	鼠疫	約 2500 萬人
5	1347 年－1352 年　歐洲	鼠疫	逾 7500 萬人
6	1378 年－1568 年　拉丁美洲	天花、麻疹、傷寒	逾 1700 萬人
7	1918 年－1920 年　全球	流感病毒（西班牙流感）	約 5000 萬人
8	2019 年－2020 年　全球	新冠狀病毒肺炎	逾 3400 萬人感染 逾 100 萬人喪生

地震的對治方法：加固！

　　防治瘟疫有疫苗，那麼其他的天災呢？譬如地震，像汶川地震、唐山地震，對人類、對國家的傷害也是非常嚴重的。作為一

個科學工作者，我應該如實地跟大家講，如果你問我，下一個地震會在何時何地發生？我們都不知道，真的不知道。那是不是說，我就坐等災難發生呢？也不是這樣。

我們可以用預防的方法來減少地震的破壞，這種工作叫做減災防災。儘管我們不能準確地預測地震的來臨，但我們可以把房子、建築物用各種鋼條、鋼板加固好，提高抗震標準。地震來臨時，儘管房子可能左搖右擺，但樓板不會塌方，整個建築物也就不會垮下來。所以，儘管地震的影響還是有的，但只要房子不垮，地震的破壞自然也就有限。

現在不少強震區，例如日本、中國唐山和西北、美國加州這些地方，都用這種方法加固房子。抗震建築設計有好幾個方法，把房子設計得比較有彈性，可以在地震時承受一定程度的搖擺幅度而不會垮，也是一種抗震設計方案，叫「耐震」。另一種方案叫「免震」，是利用建築物的地基、基礎，把地震震波的震能吸納。就像我們開車時，汽車有一個吸納震動的設備，如果把這種設備放在建築基礎上面，也可以減少震幅。

綜上所述，雖然我們不能準確預報地震何時發生，但可以通過加固等預防措施，把地震的破壞盡可能降低，不致釀成大災難。

人類史上地震概況

	時間 / 地點	震級	估計遇難人數
1	115 年 12 月 13 日　羅馬帝國　安提拉	7.5	26 萬人
2	526 年 5 月 19 日　羅馬帝國　安提拉	7.0	25 萬人

3	856 年 12 月 22 日 安息帝國 達姆甘	7.9	20 萬人
4	1138 年 10 月 11 日 敘利亞 阿勒頗	N/A	23 萬人
5	1556 年 1 月 23 日 中國 陝西省	8.0 - 8.3	83 萬人
6	1755 年 11 月 1 日 葡萄牙 里斯本	8.7	7 萬人
7	1786 年 6 月 1 日 中國 四川省	7.75	10 萬人
8	1920 年 12 月 16 日 中國甘肅省 海源	7.8	25 萬人
9	1923 年 9 月 1 日 日本 關東	7.9	14 萬 3 千人
10	1970 年 5 月 31 日 秘魯	7.9	6 萬 6 千人
11	1976 年 7 月 28 日 中國河北省 唐山市	8.0	24 萬 2 千人
12	2004 年 12 月 26 日 印尼 蘇門答臘	9.1 - 9.3	28 萬 3 千人
13	2008 年 5 月 12 日 中國四川省 汶川	8.0	9 萬人
14	2010 年 1 月 13 日 海地 太子港	7.0	31 萬 6 千人

山崩的對治方法：土釘！

香港不在地震帶，但多山，經常有山崩。山崩在香港叫山泥傾瀉，在中國內地稱為滑坡。1972 年 6 月 18 日晚上 8 時 55 分香港寶珊道大滑坡，把一棟大樓沖垮了，又帶着沖毀下面一棟大樓的一部分。67 人因此遇難（史稱 618 災難）；同一天，九龍秀茂坪也有一個大滑坡，死了 71 人，加起來死亡人數近 140 人。這種災難，當年在香港經常發生。

九十年代中葉，香港大學組織了一個研究團隊，由本人負責。我們研發了一種把山坡加固、穩固的方法，這種方法叫「土

釘加固法」。當時有好幾位博士研究生從事這方面的研究工作，有些是在室內做實驗，有些則在野外做現場試驗。當時我們在馬鞍山一條公路的邊坡以及嘉道理農場做了很多試驗，保證這個土釘加固方法是管用的。自此，土釘加固法就開始廣泛使用了。

方法是先在山坡上打一個孔，放一根鋼條（土釘），然後把周邊的空間填滿水泥，再在每一個土釘上面打一個土釘頭。加固以後，就把整個山坡的土、岩石都捆在一起了，這個山坡就不會滑坡了。然後我們還可以在邊坡的外邊種草、種樹，又起到環保的效用。既安全又環保，這是香港的一個創建。

這個方法是在香港最早研發的。過去 20 多年來，香港數以萬計的邊坡都廣泛採用土釘加固法來加固，再在上面種草、種樹支持環保，甚至推廣到中國內地及其他國家如英國、加拿大等。早年香港經常有滑坡導致人命傷亡的事件。過去 10 幾年來，這種事情已經鮮有發生，證明土釘加固法，既安全又環保。自此，香港山崩的問題也就控制下來了，基本上是解決了。

水災的對治方法：種樹！

水災也是常見的自然災害。中國過去經常有水災，是水患大國，黃河流域、長江流域水患頻生。究其原因，一是夏季暴雨成災，另一個便是伐木過度。秦始皇修阿房宮，杜牧在詩中是這樣描述的：「蜀山兀（禿），阿房出。」伐木建屋後又不再種樹，植被沒了，下雨時，雨水就會把山坡上的泥沙沖進下面的河川。水在河川上游一般流速較高，泥沙不會沉澱；但到了中下游平原，水的流速比較緩慢，泥沙沉澱下來了，堆在河牀上，淤塞河道，

慢慢就把河牀抬高了，比周邊還高，這種現象叫做「河牀高懸」。暴雨來臨時，河道的水位盈滿河堤，周邊地區的大水災就無法避免了。

　　如何解決水災的問題？水利工程是方法之一。用水利工程來控制、調節河流的流量。例如舉世聞名的三峽大壩，就可以防止洪水一下子湧進下游的江漢平原。江漢平原有武漢、荊州等重鎮，洪水一旦湧來，好幾千萬人會受到影響。現在我們通過三峽大壩控制洪水流量，先擋它一下，然後才慢慢泄洪，讓洪水流量變得可控。

　　我有很多朋友住在武漢，1998 年華中大水災時，近百萬人在武漢護堤，不單是老百姓，連書記市長都要上去，總理下來也去幫忙。2020 年，儘管四川下了幾個禮拜的暴雨，水位蠻高，不過洪峰受到三峽大壩水利工程的控制，逐步泄洪。我的武漢朋友們當時也在江邊，不過他們是在乘涼，而不是在做甚麼護堤的工作，就是說水利工程還是很管用的。

　　更重要的一個工作，1998 年華中水災之後，我們開始重建中國西部山區（也就是黃河、長江上游）的植被或林區，減少水土流失，改善生態環境。從前到黃土高原旅遊，會看到光禿禿的山坡，而泥沙沖到河道裏面，河流含沙量高，水是非常黃的。黃河為甚麼叫黃河？就是它的含沙量特別高的原因。長江也好不了多少，在荊州附近，有個荊州大堤，下面是房子，當地人的說法是「人在江底走，水在頭上流」，這個叫「荊江懸河」。你可以想像，河川在你頭上，下大雨時水位高了，水漫過河堤，那肯定又是一場大水災。

1998 年華中水災以後，時任國務院總理朱鎔基與工程院院士們探討，如何長治久安地解決中國的水災威脅。當時我也參加了，我們建議不要在黃河、長江中上游再砍樹了，同時應重建中西部山區的植被，我們當時叫這個建議為「綠色長征」，就是一代一代地重建山區的樹林。如果現在去黃土高原，會看到跟以前大不一樣了。黃河輸沙量，就是水裏面含沙量，過去二、三十年大幅度下降，主要原因就是種了樹，水土流失減少了。如果現在去黃河旅遊，去壺口瀑布看一下，再和以前的相片對比，就會發現黃河水清多了；長江也一樣。

　　這個「綠色長征」還是非常成功的。全國森林覆蓋率從建國初期的 8%，到今天的 23% 左右，翻了三倍了，這是一個了不起的增長。植樹造林以後，整個生態環境都慢慢地改善了。按聯合國統計，中國森林面積年增值位列全世界第一，比其他國家加起來還多。這個工作是非常了不起的，當然也是多代人不斷努力的成果，對整個生態環境的影響是非常明確的。

人類史上水災概況

	時間 / 地點	估計遇難人數
1	1287 年　羅馬帝國　聖盧西亞	5 萬—8 萬人
2	1530 年　羅馬帝國　聖費利克斯	10 萬人
3	1887 年　中國　黃河	200 萬—700 萬人
4	1931 年　中國　江淮	200 萬人
5	1935 年　中國　長江	14 萬 5 千人

6	1971 年 越南	10 萬人
7	1975 年 中國 河南省	23 萬人

上文提及瘟疫、地震、山崩及水災……我們生活在地球上，地球是我們安身立命的家園，但大自然也好、地球也好，都有它的一個無常故事。回顧歷史，每次災難、瘟疫過後，人類都是歷劫而生，經一事長一智。人類社會的發展過程，就是一個不斷克服困難與災難的過程。

面對災難、疫情，我們要做不少減災防災、抗疫的工作，用科學的方法預防與控制災難。當然，應對新冠疫情，主要還是靠現代醫學。在「疫」境之中，像 2020 年過去漫長的一段時間，我們作為普通人，難免也會感到焦慮不安。因此，除了做好防疫、減災防災的工作以外，還有一個很重要的安心需求，就是我們如何能較坦然地面對這些災難。

《心經》因緣觀　乃安心之本

在疫情中，如何能令人們安心呢？我建議大家可以參考東方文明中的一些宗教哲理與人文關懷。舉個例子，20 年前，亞洲金融風暴對香港當時的社會影響也是蠻大的。當年的香港報紙經常有新聞報道：大股災爆發了，好多商店經營不下去了，很多人變了負資產等等。有些人由於看不開，自尋短見，這種情況令人傷痛莫名。

面對這個逆境，時年 90 多歲的國學大師饒宗頤老先生，他是一個大學問家，同時也是一個大書法家。他知道當時香港社會好

多人都非常不快樂，為了讓大家安心，他為大家送上一份祝福，用書法寫了 260 個字的《般若波羅蜜多心經》。他寫好就掛在牆上，每個字都那麼大，後來他讓我們把這個 260 字的《心經》，刻在 38 條大木條上，就放在大嶼山的昂坪，叫「心經簡林」；這就是「心經簡林」的來歷。

「心經簡林」建好時，饒老也去看了。其實他為甚麼要寫這個《心經》的書法呢？饒老感到你要讓人家心安，不能嘴上說兩句，人家就心安的；最好能讓我們好好反思一下，好好研習一下。像《心經》這樣一部充滿智慧的佛經，可以從佛經的智慧裏面找到令自己心安的方法。這就是饒老當時的想法。

他為甚麼會這樣想呢？《心經》有甚麼法寶呢？我給大家補充說明一下，《心經》其實一點都不長，它分兩段。頭一段是「觀自在菩薩，行深般若波羅蜜多時，照見五蘊皆空，度一切苦厄」。就那麼 20 幾個字，是用文言文寫的，好像不容易理解。如果我們用白話來講，大意是「觀自在菩薩」，觀自在菩薩就是觀世音菩薩。為甚麼他叫觀自在菩薩，又叫觀世音菩薩呢？

其實很簡單，佛教的菩薩是慈悲與智慧雙修的，又修慈悲又修智慧，用佛教的語言說，叫「悲智雙運」，慈悲與智慧同時修，同時運用於我們的生活當中。菩薩如果修慈悲的時候，像觀世音菩薩，他修慈悲時就是救苦救難，現慈悲相，哪裏需要他就去幫忙，去幫你解決眼前的困難，這就是聞聲救苦。因此他修慈悲的時候，我們就叫他觀世音菩薩。

他除了修慈悲以外，還修智慧。怎樣去修智慧呢？他透過禪定，甚深的禪定，在禪定中他能觀察到世間萬事萬物，每一件事

的出現或發生其實都有它的原因、有它的成因、有它的因緣的。即是每一件事情都不會無緣無故地發生。他看到、體會到、感悟到這個道理，他就能清楚地找出每件事情背後的成因，以及這些成因的因緣生滅過程。如果這個原因或條件存在，這件事就會發生；如果這個原因或條件不存在，這件事就不會發生了。

萬事萬物講求因緣生滅

舉個例子，冬天的時候，再過兩個月就到春天，春暖花開。你看到一棵樹長出花來，就是春天來了，有陽光、雨露、太陽和土壤，這些條件都具備了，花就開了。為甚麼隆冬臘月裏樹不長花呢？因為不具備開花的條件。就是每一件事，包括樹的開花也有它的條件，當然我可以搞個溫室，那就是用另外一個方法去創造條件。這麼簡單的一件事，像開花，也需要開花的條件，沒有這些條件就不會開花了。

這也就是「因緣生滅」的意思，地震、天災、疫情都一樣。有了疫情出現的條件，它就會出現。你明白了每件事背後都有它的原因、有它的因緣，那你就會比較坦然地面對它。

找到原因後你就明白了，明白也不是要你老坐着不動，而是說你明白了每件事背後的原因後，就要把條件改善，將來就能做到更好。如果我們明白每一個疫情逆境，明白它背後的原因，找出解決的方法，我們就能比較坦然地面對它，就不會太苦惱了，自然能安然渡過難關。「度一切苦厄」的意思，就是能渡過難關。這是《心經》短短的頭一段，才 25 個字，就把佛教最重要的道理「因緣」說透了，我們稱這個叫「因緣觀」。

佛教「四諦觀」 乃度苦厄之道

佛教的「因緣觀」，相傳是釋迦牟尼佛當年在菩提樹下證悟的兩個道理之一，第一個叫「因緣觀」，就是《心經》頭一段講的道理，另一個重要道理叫「四諦觀」，「四諦」就是苦、集、滅、道。

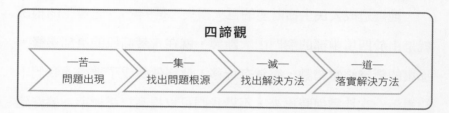

四諦觀

| —苦— 問題出現 | —集— 找出問題根源 | —滅— 找出解決方法 | —道— 落實解決方法 |

如果用現代的語言講，「苦」就是問題出現了，有麻煩了，讓你感到痛苦，不開心，這就是「苦」。「集」，就是建議你與其怨天尤人，不如想辦法找出問題的根源所在。如果我的成績不好，沒考上心儀的大學，那讓我非常痛苦、非常煩惱，這個是「苦」。「集」呢，是找出問題的根源，可能是因為我沒用功，念書不得其法，這些都是問題的根源，要找出這個「集」來。

找出「集」還不夠，還要走第三步，就是「滅」。「滅」就是找出解決問題的方法，我知道成績不好，是因為沒用功，這是問題的所在。找出根源以後，我知道日後要爭取更好的成績，就要再努力一點。解決成績不好的方法就是要更用功，努力念好我的書，這就是「滅」了，就是設法去解決這個問題。

「道」的意思，就是把這個方法貫徹下來、堅持下來，落實解決問題的方法。我以後要更努力念書，不過不是說完就算了，還要認真落實，堅持下去才能爭取好的成績。苦、集、滅、道，其實就是解決問題的「四步曲」：先把問題找出來，找到問題成因，再找出解決的方法，認真貫徹落實解決的方法。

無論人生路上碰到甚麼問題，你都可以用這個「四步曲」來解決。我們做科學工作的，這也是科學方法論的一個基本步驟。如果應用到天災如汶川大地震，如何用「苦、集、滅、道」的「四諦觀」來解決呢？

地震造成人民生命財產的巨大損失，是「苦」。它發生的根源就是由於四川中部的龍門山大斷裂，就在青藏高原的東部邊緣，那裏的斷層經常錯動，經常有位移，位移就造成了地震。我們不知道下一次地震何時再來，不過我們可以提高抗震標準，搞好建築加固工程，便能減少它的破壞，減少災難。這也是一個苦、集、滅、道的流程。海嘯、山崩、水災亦然，都可以用這種苦、集、滅、道的方法，找出長治久安的應對之策。

安心先決條件是智慧

多年前香港亦曾爆發非典型肺炎（SARS），我們也是用這種思路來解決問題。我們先找到致病原因，那是因為出現了一種非典型冠狀病毒。現在新冠也一樣，你先找到根源，想辦法去找解決方法，如研發疫苗等。思路就是找出每一個問題的根源，以及解決的方法，並想辦法落實這個方法。

人如果要安心，先決條件是你要有智慧，《心經》的頭一段就是這樣講：你要「照見五蘊皆空」，才能「度一切苦厄」。「照見五蘊皆空」的意思，就是你要找出問題的根源，明白每件事背後的根源是甚麼。如果能有這樣的智慧，你就能把心安下來，你就能活好當下了。

佛教裏面經常講「活在當下」這句話，它的意思就是，你若能

安心，就能專心做好眼前（也就是當下）你需要做的事。比方說我是一個老師，我專心做好老師的工作，教好我的書。如果我生活在新冠疫情之中，像是在 2020 年，我就要專心做好防疫工作，做好我的本分，戴好口罩，做好隔離工作等等，這些防疫工作都是需要做的，這也就是「活在當下」的意思。

又如果我染病了，我就要專心做好病人的本分，配合醫療人員的治療方案等等。就是在每一個崗位、每一個當下，你都有需要做好的工作，你專心做好它就行了。如果我們能專心做好眼前的工作，我們就不會旁騖了，就不會胡思亂想，自然也就心無罣礙了。

因此，所謂「活在當下」，跟「心無罣礙」是同一回事，是一個硬幣的兩面。你能做到「活在當下」，就能做到「心無罣礙」。做完一件事，就像你手邊的電腦，按一下清除鍵，把它清除掉，不要老想着。已經做好的事過去了，就讓他過去，那你就能專心做下一件工作。如果能做到這樣，儘管每天有幹不完的事情，你都能做到人忙心不忙。就是每一件事情做好了，就應把它放下。

上文提及的「因緣觀」教我們世間萬事萬物背後都有它的原因，無論是順境、逆境。風光的時候，我們拿了很多榮譽當然有其原因；碰到困難的時候，也有它的原因，就是困難也有個因緣生滅的過程。條件具備它會出現，條件沒了它也不會有；這是會變的。

變就是無常，無常好像有點讓人擔心，不過如果你認真想想，正因為有無常，你才有改善的機會。就是我在疫境當中，在非常困難的新冠疫情中，由於疫苗的開發和應用，我有改善的機

會，疫情也不會永遠不變的。我們面對逆境，所採用的方法也是要面對它、接受它、處理好它，做好以後就把它放下，這個與苦、集、滅、道「四部曲」是同一個道理。

讓我分享一個小故事，馬雲先生有段時間老是在新聞上出現，有一次他跑步的時候，有個粉絲跟他說：「你經過那麼多難熬的日子，才有今天的成就；我如果是你呢，經歷那麼多的困難，早就瘋了！」馬雲說：「苦日子也不難過，因為你明白苦日子也是無常的，它也會變的，你可以積極改善環境，讓它變為好日子啊！」

磨難是人類社會成長基因

我們在苦難中不要太悲觀，要努力去改善它。苦難其實是我們成長的一部分。最後給大家分享一個小故事：在美國西部的一個農莊，農莊主人是種小麥的，他除了是個農夫，還是一個非常虔誠的教徒。每天晚上對他的神禱告，祈求風調雨順，來年豐收。這是一般農夫都會祈望的，他也一樣。

他的神看到了，覺得這個信徒這麼虔誠，我就如你所願，明年讓你風調雨順，沒有風霜蟲害，讓你有個大豐收。農夫很高興，春天把小麥種子種下去了，夏天看到它成長得好，到秋天收割的時候，滿心歡喜期待一個大豐收。可打開麥子的穀，卻發現裏面空空如也。

那是怎麼一回事呢？作為一個期待豐收的農夫，碰到這種情況，當然很不開心，當天晚禱時跟他的神稟告，希望神看看麥子的情況。神一看就明白了，對他說：「你要知道，你種下去的是麥

子，麥子是植物，植物的生長過程是一個自然的過程，包括陽光普照的日子，也包括風霜蟲害的日子。風霜蟲害其實是它成長過程的一部分，沒有了風霜蟲害，它的成長過程就不完整了，因此你這個小麥長不了穀子。」

當然這個故事是虛構的，不過希望大家明白，在小麥的成長過程中，風霜與蟲害這些磨難是它的一個組成部分。人生也是一樣，我們會碰到各種挑戰、各種困難，把我們鍛鍊得更堅強，更能坦然面對這些困難、磨難，讓我們更有能力面對更大的挑戰，將來就有可能更成功了。因此我們說磨難是人類社會的成長基因之一，由於有了這個磨難，我們會在克服困難的過程中，變得更有能力、更堅強，將來就會更有成功的條件。

最後想說明，這個疫情反映了我們跟大自然之間，還沒有一個最理想的和諧關係，我們應該更重視人與自然之間的和諧共處。習近平主席在疫情期間說過：「人類不能再沿着只講索取不講投入，只講發展不講保護，只講利用不講修復這條老路。」就是你不能老是拿大自然的好處，你也應該回饋大自然。

我多年前聽饒宗頤老師也說過一個概念，叫「天人互益」，就是大家互相照顧好大家，就是大自然給你好多好處，你也要回饋大自然，做一些對大自然好的事，即是互利（mutually beneficial）。如果我們能這樣做，人與自然之間不和諧的問題慢慢就會減少了。

對談錄

問：曾瀞漪　答：李焯芬教授

問： 李焯芬教授透過人類應對自然災害的方式，包括科學的應對方式，告訴我們，其實人類一直以來，都在想盡方法「度一切苦厄」。校長您講的「度一切苦厄」的「度」，既有渡過難關的意思，但這個「度」本身也有主動和被動的意思，您怎麼理解在人類面對自然災害的時候，「度一切苦厄」中的「度」，究竟應該着重在甚麼地方呢？

答： 在佛教的語言中，「度」是跨過、安全渡過的意思。佛教有個概念就是，我們面對困難和痛苦時，就像前面有個苦海，如果能找到一艘船把你渡過這個苦海，就能到達幸福的彼岸，「度」就是這個意思。這個「船」，從佛教的角度來說就是佛法；佛法作為一艘渡人舟，能把你帶到幸福的彼岸。

問： 所以上文也用東方哲學、佛教的思想讓人們看到，人類千百年來如何渡過這麼多難關。那麼請問關於新冠疫情，文初談到「苦」的問題，您如何看待新冠疫情出現在我們的生活當中，這個「苦」還要持續多久？又如何能夠在生活當，減少它對我們的影響？

答： 根據一線專家推測，他們期待 2021 年的上半年，疫苗就會在世界各地（包括香港）廣泛應用，大部分市民都會接種疫苗，下半年疫情就會逐漸受到控制。如果你要出門旅行，希望重過正常的生活，2021 下半年應該會慢慢恢復正常了。到了

2022 年，可能偶爾還有一些零星的感染個案，不過總體來說，疫情應該能受控了。我們大家都期待 2021 年疫情能夠受控。

病毒有其因緣生滅

問：如果從「苦」的角度，就是我們因為疫情被困住了，沒辦法離開周遭的環境，我們以前的正常是叫能夠遠行、能夠自由地移動，是比較舒適的一個狀態。而現在的「苦」，是我們困在原地動不了，如果要解除這個「苦」，要到 2021 年下半年，當全球大部分人都接種了疫苗之後，這個「苦」就可以稍微解除一些了，是吧？

答：是的。新冠病毒對我們的生活帶來極大的影響，我們期待疫苗廣泛應用後，能克服這些困難。東方的人文精神，包括宗教哲理，都能讓大家在這種困難的環境之中比較安心。參照《心經》的說法，我們就會明白為甚麼有這個病毒？也明白它

如何在「疫」境中「度一切苦厄」

也有個因緣生滅的過程，待找到對付它的方法後，疫情就能受控。如果我們有這種智慧，就能更坦然面對它。這也是佛教講的修行，是同一個意思。

問：病毒的出現，有它的因緣生滅，對我們人類造成的傷害，也可能跟我們過往對自然造成的傷害有關係的。疫苗研發出來了，病毒對我們的影響就會減少很多。您說磨難是人類成長的基因，可是，人類現在感受到的恐懼，也許很快就會忘記了。千百年來那麼多的天災，我們也都遭受過了，可是人類是不是常常忘記很多事情，然後又再重複犯錯呢？

答：怎麼說呢，就是環境也會不斷起變化的。可能以前沒有這種病毒，不過周邊的環境改變了，那就可能有新的病毒出現，就是說不同的歷史階段，可能有不同的病毒。我們回顧一下過去 2000 多年前，有天花、霍亂、白喉、傷寒、麻疹及鼠疫等，這些病毒對人類社會都有很大的影響。不過我們經一事長一智，透過我們的努力，研發出能針對這個病毒的疫苗，疾病就會慢慢受控。

也不是說受控了人類把它忘掉，像 2020 年這種新冠病毒災難，肯定會永遠記在我們的史冊裏面，也肯定是將來衛生防疫的一部分。比如說將來在小孩的成長過程中，也會接種新冠疫苗。當然絕大部分人慢慢就會淡忘，不過肯定會在歷史記載，將來也會成為衛生防疫工作的一部分了。

問：就是地球上的眾生，其實都是相處在一起的。就像我們以前面對很多病毒或瘟疫，現在都能夠跟它們和平共處了。當然相處的方式不同，打疫苗是其中一種。所以，相信將來人類

也能夠跟新冠病毒和平共處。那麼我想問，科技的進步使得人類壽命在延長，健康也不斷增強，是不是有了科技的幫助，我們就不需要太多的修行了？

與自然和諧共處

答：也不是。我們也要好好總結經驗教訓。經歷過這麼困難的一年，和許多的痛苦，我們將來肯定會做好這方面的衛生防疫工作，也要妥善處理好人與自然的關係，我這裏且舉一個例子，說明人與自然如何改善關係。

水災是一種嚴重的自然災害。其中一個重要的原因，就是我們老是砍樹，又不再種樹，破壞了生態環境，造成嚴重的水土流失，令河流的泥沙愈來愈多，河牀高懸，比周邊的土地高出許多，水災的威脅就愈來愈嚴重。但我們現在做好了西部山區的生態環境保護工作，多種樹，大面積地增加森林覆蓋率，水災的威脅自然就減少了。

從水利工作的角度而言，這叫做「人水和諧」。既然人與水之間能和諧相處，人與大自然的其他方面也可以和諧共處。所以，只要大家努力改善人與自然之間的和諧關係，將來肯定會愈來愈好的。從這個角度看，那絕對是「度苦厄」的好方法了！

問：你還提到一點就是科技進步，但是很重要的，就像你提到的種更多的樹，幫助我們保護生態環境。相對來看，這個領導力就很重要，在面對疫情、災害的時候，領導力是不是體現在幫助人們、尤其幫助人民「度苦厄」的重要性？

領導力至關重要

答：對！做好防疫工作，有很多很重要的因素，領導力肯定是其中一個。好的領導力其實包括了智慧，能在疫情之下，知道如何領導大家做好防治工作，這才是優秀的領導力。

另外，我感到這個也跟文化背景、東西方文明的一些特性有關係。有些地方它非常重視個人權利，戴不戴口罩是我的人權，你要我戴口罩，你要我接受各種防疫限制，這是侵犯我的人權，我不會配合，這對解決疫情沒有幫助。

東方文明較重視個人與群體之間、個人與社會之間，取得一個較好的平衡。佛教思想也好，儒家思想也罷，都非常重視人與人之間的關係。你既要自己的權益，同時也要照顧好整體的利益，就是要大家合作做好防疫工作。這些文化背景、價值觀的異同，也影響防疫工作的成效，當然，領導力也是非常重要的。

問：你演講的主題是「度一切苦厄」，請問應該是誰來負責「度一切苦厄」？是菩薩、是佛弟子、全世界的人，還是耶穌基督？究竟誰來負責「度一切苦厄」？

答：其實是要自己負責，不是佛陀，也不是耶穌，更不是大自然。是你自己的問題，你要想辦法自己去解決，不要靠別人。疫情影響我的工作，那我應該自己想辦法解決，這是主要的因素。怎麼解決呢？去增長智慧。增長智慧以後，我明白這件事的背景、原因、背後的因緣，那我就能坦然面對它，設法去解決它。所以解決問題主要還是靠自己。靠自己去增長智慧，增長智慧有很多方法，研習《心經》就是其中一個方法。

佛法能幫助我們開啟智慧，從而「度一切苦厄」。

（李焯芬教授　中國工程院院士　香港大學前副校長）

「講座視頻連結」

後記
因為起心動念

2020 年受新冠疫情影響，我和大多數人一樣，年初以來都待在香港，不出一城，心中總有疑懼與不安。如何安住？忽有一天覺得自己該好好精進佛法。念頭剛起，兩天後接到寬運法師邀約主持第六屆觀音文化節佛教文化講座。看了一眼宣傳海報，我立即答應，驚喜地感謝佛菩薩給我這個機會——一項有挑戰又可以印證平時修行的主持活動，學習如何在疫情下以佛法助人。

與寬運法師的交流，源於 2012 年第三屆世界佛教論壇。在鳳凰衛視主辦的「佛教道德四人談——眾善奉行·踐行佛教理念」電視論壇中，時任中國香港佛教聯合會執行副會長的寬運法師是嘉賓之一。我戰戰兢兢地擔任主持，跟台上四位高僧對話。永遠忘不了那時外表鎮定但內心的高度緊張，憂慮用錯佛語，提問不準確。可是，自始至終，寬運法師都笑容以待，那樣的寬和，這些都記錄在當年的照片中。

八年前的緣分，因着各自的起心動念，此刻瞬間接續。

深感新冠疫情下的眾生苦厄，寬運法師和菩提編輯團隊在年度觀音文化節中，特別以「如何在『疫』境中實踐菩薩道精神」作為 2020 年系列主題，期望眾生學習觀音菩薩慈悲的力量，在疫境中自強。法師冀惠及更多人，在鳳凰衛視董事局主席行政總裁劉長樂的支持下，講座以電視錄影方式每週於鳳凰網佛教頻道播出。

講座 11 月初開始，全球新冠確診病例剛剛超過 4,900 萬，死亡人數 124 萬。活動 1 月中下旬結束時，確診人數已經增加近一倍突破 9,500 萬，累計死亡人數超過 200 萬。全球新一波疫情又緊張起來，更嚴厲的封鎖措施在各國實施。「疫情為何發生？何時能夠走出疫情？如何不被疫情困住？」這是貫穿系列講座的核心問題。在這本書中，透過 12 位講者數十年的修行經驗，向各位答疑解惑。

　　從 2000 年參與鳳凰衛視千禧之旅主持，走過西藏與佛法結緣，到 2002 年加入策劃並且直播陝西法門寺佛指舍利赴台灣巡迴供奉 37 天，2004 年報導法門寺佛指舍利來香港供奉 10 天，轉眼至今，在橫跨 2020 年邁向 2021 年之際，很感恩能夠有這樣的機會再次參與重要的佛教文化活動主持，為疫情中的人們盡一份心力。

　　20 年來，深受佛法的啟發與高僧大德和善知識們的指點，讓我度過病痛中的低潮與起伏不定的心境之苦，深深理解此生與此身的力量來自於慈悲和智慧。正因如此，通過主持人的角色以貼近生活的各種問題向講者提問，在問答中，希望更多人習得佛法真義，進而照見本心清明，終至離苦得樂。

　　祝願香港佛教界這份起心動念造就的因緣，利益新冠疫情下的廣大眾生。

曾瀞漪　鳳凰衛視金石財經主持人

2021 年 1 月